以博大深邃的思想指引心灵清修

人活着的时候身体是柔软的，死亡后就变得僵硬了。草木生长的时候形质是柔脆的，死亡后就变得干枯了。所以强硬的东西属于死亡的一类，柔弱的东西属于生存的一类。

——智出《老子》第七十六章

东篱子◎编著

老子说："我有三件宝贝，持有而珍重它。第一件叫慈爱，第二件叫节俭，第三件叫不敢处在众人之先。"

中国华侨出版社

图书在版编目（CIP）数据

老子学堂 / 东篱子编著 . —北京：中国华侨出版社，
2014. 6

ISBN 978 - 7 - 5113 - 4543 - 1

Ⅰ . ①老…　Ⅱ . ①东…　Ⅲ . ①老子 - 哲学思想 - 通俗
读物　Ⅳ . ①B223. 15 - 49

中国版本图书馆 CIP 数据核字（2014）第 065140 号

●老子学堂

编　　著/东篱子
责任编辑/筱　雁
封面设计/智杰轩图书
经　　销/新华书店
开　　本/710 毫米 × 1000 毫米　1/16　印张 16　字数 220 千字
印　　刷/北京一鑫印务有限责任公司
版　　次/2014 年 6 月第 1 版　2019 年 8 月第 2 次印刷
书　　号/ISBN 978 - 7 - 5113 - 4543 - 1
定　　价/32. 00 元

中国华侨出版社　　北京朝阳区静安里 26 号通成达大厦 3 层　　邮编 100028
法律顾问：陈鹰律师事务所
编辑部：（010）64443056　　64443979
发行部：（010）64443051　　传真：64439708
网　址：www. oveaschin. com
e - mail：oveaschin@ sina. com

前 言

　　中国传统文化，从总体来看是儒道互补，兼综他家。但是，道家思想特别是早期道家，绝非是作为儒家对立面存在的，也绝不仅仅是以道家之长去补儒家之短，它是一种独立的、深刻的哲学，是一种方法论，以其博大精深的内涵，影响着华夏文化，规定着中国传统文化的结构和功能，制约着中国传统文化的发展和变化，并且影响了一大批诸如托尔斯泰这样的外国思想家。如同尼采所说："老子思想的集大成之作——《老子》，如同一眼永不枯竭的井泉，满载宝藏，放下汲桶，垂手可得。"

　　当然，老子思想在中华民族的社会生活和国民素质的养成中，有积极的作用，但不可否认也有一些负面的影响。我们以古为镜，反思老子学说，超越传统，更新观念，取其精华，去其糟粕，便可获得现代智慧。

　　《老子学堂》这本书，参透了老子思想体系中丰富、精妙的智慧，以观察其对现代人思想的许多固有影响，明了现代人的思想轨迹，又从老子智慧的言论中觉悟出许多具体的做法。这些哲学思想即使经过两千多年岁月的洗礼依然熠熠生辉，对于我们而言，依然是有着非同一般的影响和启迪。

生活在 21 世纪的我们是幸运的，因为能享受丰富的精神和物质财富；但生活在 21 世纪的我们又是疲惫的，因为竞争始终存在，容不得你做停歇。无法停止的脚步和思维使我们的精神压力越发沉重，心情越发糟糕，为了"比别人多得到一点"，我们卷入了忙碌与勾斗之中，不断冲杀，伤痕累累。这种时候，我们真应该多向老子学习一些人生的智慧。

目 录

课节二　以柔克刚：无为而治的思想境界

最柔弱的东西里面，往往蓄积着人们看不见的巨大力量，使最坚强的东西都无法阻挡。柔弱不是脆弱，不是软弱，不是薄弱，它也许在形态上像水那样柔细，那样软弱无力，但滴水穿石，其力大无比。柔弱是万物具有生命力的表现，人生亦如此，柔弱胜刚强。

课节三　自知者明：顺逆从容的人生选择

知人者智，自知者明；胜人者有力，自胜者强。知人者，知于外；自知者，明于道。一个人做到知己知彼，就是明智，这是做人的大智慧。明，是对世界本质的认识，具有无限性和客观全面性。欲求真知灼见，必返求于道。只有自知之人，才是真正的觉悟者。

课节四 大智若愚：大巧若拙的生活智慧

大智若愚，是一种很高的修养。中国人崇尚事不出位，要求说话办事不要超越自己的名分和地位，该说该做什么，不该说不该做什么，都以自己的职责为限，谨慎稳重。

课节五　见于未萌：安不忘危的生活状态

当今世界是一个充满竞争的世界，每个人都可能会随时会遇到挑战。老子的"祸莫大于轻敌"的提醒，可以让我们树立忧患意识和危机感，懂得居乐思悲。居安思危，思则有备，有备无患。做人做事应居安思危，处乎其安，不忘乎其危。少一些安乐，多一分忧患，将使人生进入佳境。凡事小心谨慎、如履薄冰，才能高瞻远瞩，运筹帷幄。

课节六　抱朴守真：荣辱不惊的名利取舍

人类本身有喜新厌旧的癖好，都喜欢焕然一新的感觉，不学会放弃就无论如何也无法焕然一新。一个人如果欲望越多，他就会变得越贪婪，一个永不知足的人是无法感受到幸福的。学会放弃也就成了一种境界，大弃大得、小弃小得、不弃不得。在生活中应该学会遗忘不如意的时候，学会放弃生命中可有可无的东西，心胸自会坦然。

课节七　与人为善：进退自如的因果效应

做人应当淳厚而不轻薄，朴实而不虚华。对天性追求真善美的人类来讲，没有谁愿意拒绝厚道。品格是人生的通行证，做人厚道，必有回报。

课节八　委曲求全：返璞归真的最高境界

后退，是为了更好地前进。这是平常我们都可以理解的一句话，但是在现实中真遇到这种情况时，能够做到的人却少之又少。勇于后退的人比勇于前进的人具有更高的智慧和更大的勇气。机智灵活的人懂得能屈能伸、能进能退的道理，懂得让自己如何像水一样活着。

课节九　　清静无为：内省自胜的智者心态

所谓清净无为，就好比是一个装满水的杯子很难接纳新东西，要将心里的"杯子"倒空，将自己所重视、在乎的很多东西，以及曾经辉煌的过去从心态上彻底了结清空。只有将心倒空了，才会有外在的松手，才能拥有更大的成功。良好心境的本原是内心。人的心神如果真正能达到虚静、空灵的境界，就能够真正解脱烦琐，放下牵累，排除自身和外界的干扰，这个时候考虑问题就能和客观事物的自然发展相符合。

课节十　玄同之妙：避免灾祸的生活准则

世事如浮云，瞬息万变。不过，世事的变化并非无章可循，而是穷极则返，循环往复。人生变故，犹如环流，事盛则衰，物极必反。生活既然如此，生活中就应处处讲究恰当的分寸。

课节一　道法自然：
刚柔相济的生存智慧

"道"是大自然的运行法则、规律，它恒久永存、不以人的意志而改变。大自然是创造万物的最高形式，也是缔造万物的最高境界。我们无论做什么事情，都要合乎自然，按照规律去办事或者生活。

看淡， 看轻， 看远， 看开

【引子】

"何谓宠辱若惊？宠为下，得之若惊，失之若惊，是谓宠辱若惊。"

——老子·第十三章

什么是"宠辱若惊"呢？恩宠是上对下给予的额外的恩赐，所以受宠者就会感到震惊。如果失去了额外赐予，也会因为失宠受辱而感到震惊。这就是"宠辱若惊"的意思。

【专访】

宠，是得意的总表象；辱，是失意的总代号。老子认为，得到了荣誉、宠禄不必狂喜狂欢，失去了也不必耿耿于怀，忧愁哀伤。这里面有哲理，即得失界限不会永远不变，一切功名利禄都不过是过眼烟云，得而失之、失而复得的情况都是经常发生的。意识到一切都可能因时空转换而发生变化，就能够把功名利禄看淡看轻看开些，做到"荣辱毁誉不上心"。

"荣辱毁誉不上心"，就要"宠辱不惊，去留无意"。当一个人在成名、成功的时候，没有"宠辱不惊，去留无意"的真修养，便会欣喜若狂，喜极而泣，自然会有震惊心态，甚至得意忘形。

例如在前清的科举时期，民间相传一则笑话，便是很好的说明。

有一个老童生，每次考试都不中。但他已经步入中年了，因此心中十分着急。这一次正好与儿子同科应考。到了放榜的那一天，儿子看榜回来，知道已经录取，赶快回家报喜。他的父亲正好关在房里洗澡。儿子敲门大叫说："父亲，我已考取了！"父亲在房里一听，便大声呵斥说："考取一个秀才，算得了什么，这样沉不住气，大呼小叫！"儿子一听，吓得不敢大叫，便轻轻地说："父亲，你也考取了！"父亲一听，便打开房门，一冲而出，大声呵斥说："你为什么不先说？"他忘了自己光着身子，连衣裤都还没穿上呢！

这便是"宠为下，得之若惊，失之若惊"的一个真实写照。

有关人生的得意与失意，荣宠与羞辱之间的感受，在官场、在商场和情场上是最明显的。以男女的情场而言，众所周知唐明皇最先宠爱的是梅妃，后来冷落在长门永巷之中，要想再见一面都不可能。世间多少痴男怨女，因此一结而不能解脱，于是成了无数哀艳恋情的文学作品的题材！

还有的人在荣誉宠禄面前也许能经得起考验，但他未必能经受得住屈辱和打击。所谓"富贵不能淫，威武不能屈"，"宁为玉碎，不为瓦全"，"士可杀不可辱"等，都是对古往今来那些豪杰英雄的赞美。面对邪恶，为了正义，宁死不屈，这就是至高无上的荣誉。但在特殊情况下，"忍辱"也是为了真理和正义，为了更多地赢得荣誉。这就是"忍辱负重"。

众所周知《红岩》中的华子良，装疯卖傻那么多年，遭到敌人侮辱，也遭到自己同志的轻蔑，为的就是要在关键时刻营救战友。这种人确实是"特殊材料制成的"，是多少凡夫俗子望尘莫及的，其荣辱观同样伟大高尚。

人只有卸下捆绑于心的精神枷锁，才能轻装上阵。这需要有一颗平常心，不以物喜，不以己悲，这会让人内心安宁。

唐高宗时，大臣卢承庆专门负责对官员进行政绩考核。被考核人中有一名粮草督运官，一次在运粮途中突遇暴风，粮食几乎全被吹光了。卢承庆便给这个运粮官以"监运损粮考中下"的鉴定。谁知这位运粮官神态怡然，一副无所谓的样子，脚步轻盈地出了官府。卢承庆见此认为这位运粮官有雅量，马上将他召回，随后将评语改为"非力所能及考中中"。可是，这位运粮官仍然不喜不愧，也不感恩致谢。这位运粮官真正拥有了一颗平常心。

所以，道家认为，在荣辱问题上，做到"难得糊涂"、"去留无意"，这才叫潇洒自如，顺其自然。一个人，当你凭自己的努力、实干，靠自己的聪明才智获得了应得的荣誉、奖赏、爱戴、夸耀时，应该保持清醒的头脑，有自知之明，切莫受宠若惊，飘飘然，自觉霞光万道。

聪明的人对一切事物的态度是宠辱不惊的。就像古人阮籍所说"布衣可终身，宠禄岂足赖"，一切都不过是过眼烟云，荣誉已成为过去时，不值得夸耀，更不足以留恋。另一种人，也肯辛勤耕耘，但却经不住玫瑰花的诱惑，有了点荣誉、地位，就沾沾自喜，飘飘欲仙，甚至以此为资本，争这要那，不能自持。这些人往往被名誉地位冲昏了头脑，忘乎所以。

孔子说："天下有道则见，无道则隐"（《论语·泰伯》）。能上能下，宠辱不计，只要顺愿、顺心、顺意即可。这样一来既可以在条件允许的情况下做点事，又不至于为争宠争禄而劳心劳神。去留无意，亦可全身远祸。有时在利害与人格发生矛盾时，则以保全人格为最高原则，不以物而失性、失人格，如果放弃人格而趋利避害，即使一时得意，却要长久地受良心谴责。

现实生活中，每个人都可能有一两次这样的经验和体会，当你放弃利害、保全人格时，那种欣喜愉悦是发自肺腑的，淋漓尽致的。一个坦坦荡荡、人格纯洁的人，他的心是宁静安逸的，而蝇营狗苟的小人的心境则永远是风雨飘摇的。

【学堂总结】

　　一切都可能因时空转换而发生变化，要把功名利禄看淡看轻看开些，做到"荣辱毁誉不上心"。能上能下，宠辱不计，只要顺愿、顺心、顺意即可。这样既可以在条件允许的情况下做点事，又不至于为争宠争禄而劳心劳神。去留无意，亦可全身远祸。

依照自然规律办事

【引子】

　　"道，可道，非常道。名，可名，非常名。无名，万物之始也；有名，万物之母也。"

　　　　　　　　　　　　　　　　　　——老子·第一章

　　道，可以言说的道，就不是永恒之道的真实概念；名，凡是可用来命名的名，就不是永恒不变的名。无是天地形成的本始；有是万物创生的根源。

【专访】

　　"道可道，非常道；名可名，非常名。"这12个字是《道德经》八十一章中第一章的第一句话，是老子写《道德经》的开宗明义之句，如果这第一句话没有弄清楚，那么整本《道德经》就不能好好地读下去，更不要说如何去正确理解和实行了。

　　在长沙马王堆出土的汉代帛书《老子》里面，老子的原文是："道可道，非恒道。名可名，非恒名。"后来，为了避讳汉文帝刘恒的名字，"恒"就改为了"常"。老子首句，玄机四伏，充分表达了中国语言的无穷魅力和智慧。古文断句，传统上称之为"句读"。断句的不同，其解释大相径庭。老子首句常见的断句是："道可道，非常道；名可名，非常名。"或者："道，可道，非常道；名，可名，非常名。"

那么，这句话该如何理解呢？在老子的哲学体系中，"道"不仅是其哲学的总称，也是其研究对象的代名词。这个"道"是什么呢？老子认为，"道"并非固定形式，亦非常形，是对世界的抽象认知，又是对具体事物具体分析的活的思维。所以，"道"是虚无，是无法说清楚、讲明白的。老子说，要是能说清楚、讲明白的话，那显然就不是正常、恒久不变的道了。他要让世人有所警醒：一切可道可名都不是真正恒久存在的。在这可道可名之外，还有一层不可道不可名但真正恒久存在的大道。老子提醒我们注意这真正恒久存在的大道，不要被眼前的可道可名所蒙蔽。

"道"在老子眼中是特指事物的规律性，而规律是不可见的，同时又是存在于事物形态中的。不同的事物有不同的形态，因此物与物往往是以形态来区别的，而不同形态的事物又往往体现不同的规律性。

老子十分清楚地抓住了一个最普遍、最具根本性的问题：世间一切事物的生存、发展和消亡，无不是在时间、空间及环境等外界要素的作用下，按照自己的方式来完成其过程的。当然不是老子不承认有精神世界，老子不但承认而且还特别看重它，只不过老子把精神世界和客观世界分开对待而已。因为客观世界属于万物，而精神世界只属于人类这一特殊群体。

所以，老子其实是在告诫我们，无论发生了什么，无论做任何事情，都要合乎自然，顺应人情，这样才不会碰壁，才能一顺百顺。听任自然，顺应原本，是老子思想的主旨之一。

顺其原本，具体到生活态度上，又可以总结出经验条文，这里不妨列出若干：

顺其原本，安邦不可专制；

顺其原本，为官不可强权；

顺其原本，争利不可豪夺；

顺其原本，为名不可巧取；

顺其原本，求偶不可硬拧；

顺其原本，交友不可勉强；

顺其原本，美化不可矫揉；

顺其原本，文章不可造作。

这里，大至安邦，小至做文，方方面面，林林总总，皆是一个理：顺之者昌，逆之者亡；优胜劣汰，适者生存。有时只要顺其自然，便可一顺百顺，一通皆通。曲径亦可通幽处，这就是所谓看似糊涂无为的"智慧人生"的生活哲学。

顺其原本，超然人生，并非自恃清高，不食人间烟火。饮食男女，七情六欲，是人的自然属性，生物本能。这里所谓"顺其原本"，就是顺乎人性、人道。

听任自然，顺应原本这正如我们找朋友，找有钱的吗？找个子高的吗？找苗条的吗？找有学问的吗？

有人说，找妻子要找温柔型的，唯夫首是瞻。可是，这样的女人纵然温顺，但往往不会理家，不会公关，不会做事业；有人说，找妻子就要找个有本事的，吃得开的，玩得转的，自强不息，可是这样的人重业不重家，苦恼的正是没有一个任劳任怨地站在成功女人后面的男人，你能做个"家庭妇男"？

永远会有条件更好的人出现，但他（她）不见得就适合你，所以要全面衡量，挑一个最适合你的人，而不一定是最优秀的那个人。

比如，两个很恩爱的男女，却因为双方父母的关系，不能成为夫妻；又比如，一方很爱着对方，对方却爱着别人；或者，在咖啡厅偶然碰到一个心仪的人，却匆匆地没有留下一个电话。

也许有人会很伤心，其实，大可不必。在老子的眼里，命运其实就是自然，是人的境遇而已。错过花，或许能收获雨；放下错过的伤痛，或许收获的是更多地快乐。

　　人生是需要随时面临选择与放弃的，不放下过去的伤痛，就永远无法尝试新的快乐；不埋葬旧的记忆，就无法面对新的开始。你有所选择，同时，你就有所失去。大自然的法则就是如此。许多事情，总是在经历过以后才会懂得。一如人们不要去强求不属于自己的东西，要学会顺其自然。违背规律去办事或者生活，就会步步艰难。而学会顺应规律，就会得心应手，一路坦途。

无我是人生最高境界

【引子】

> "吾所以有大患者，为吾有身，及吾无身，吾有何患？"
>
> ——老子·第十三章

　　我们之所以会有忧患，是因为我们有自我的存在。如果我们忘掉自我，我们还有什么忧患的呢？

【专访】

　　老子所说的"无身"，也就是"无我"。老子认为，人一旦达到"无我"的境界，就没有什么忧患了。道家一向呼吁"无我"的最高境界，老子以及后来的庄子都是如此。道家的另一本经典著作《庄子》中有一个这样的故事：

　　有一天，庄子打柴回来，很累，就躺在自己的茅屋旁睡着了。恍惚中，庄子做了一个梦，梦见自己变成蝴蝶，欣然自得地飞舞着的一只蝴蝶，他感到多么愉快和惬意啊！竟然忘记了自己原本是庄周。突然间醒来，惊惶不定之间好像来到另一个世界。庄子很惊诧，掐了掐自己的大腿，方知原来是自己。

这是《庄子》里一个有名的故事，这个故事一般称为"庄周梦蝶"。在这个故事里，庄子不知是自己梦中变成蝴蝶呢，还是蝴蝶梦见自己变成庄子。

在一般人看来，一个人在醒时的所见所感是真实的，梦境是幻觉，是不真实的。醒是一种境界，梦是另一种境界，二者是不同的；庄子是庄子，蝴蝶是蝴蝶，二者也是不同的。

但这不是庄子的感受。李白《古风》云："庄周梦蝴蝶，蝴蝶为庄周，一体更变易，万事良悠悠。"也就是说庄周与蝴蝶已经"物化"为一体了。庄子已经看不到自己，而是和自然合二为一了。这就是"无我"。

对此，可以作以下推理：如果"我"一会儿可以是庄周，一会儿可以是蝴蝶。那么，"我"究竟是什么就成了不确定的了。所以说，"我"之所在是始终处于变幻不定之中，庄子称之为"物化"。

庄子认为：世上万物，尽管千变万化，都只是道的物化而已。庄周也罢，蝴蝶也罢，本质上都只是虚无的道，是没有什么区别，这叫"齐物"。"齐物"和"物化"的本质就是"物""我"两忘，也就是"无我"。庄子的这种"物""我"两忘，其实是对老子"及吾无身，吾有何患"的继承和发展。

老子的"无我"，不仅是指四肢肉体会"无我"，连精神也要"无我"。按照老子的"无我"哲学，我们还可以得出这样的结论：世间的其他动物或植物本身并不卑贱，人自身也并不高贵。大家都是平等无二，合二为一的。认识到这一点。才能达到"无我"的人生最高境界。

如果我们将老子的这种"及吾无身，吾有何患"的智慧予以总结，至少有以下两点：

（1）通过瞑目存神，屏息万缘，而忘掉自己的四肢五体，从而使灵魂逍遥自在。人类的身体就是一个很大的障碍，我们不得不去每天为它谋衣糊口，去奋斗，去抗争，这样自然会惹出许多的烦恼和痛苦来。等到我们物我两忘，就不受时空的限制，心中没有牵挂障碍时，就可以光灼灼而无所不在、无所不能了，自然也就不会为了那些衣食住行而操心烦恼了。那个时候，我们还会有什么灾难和不快呢！

（2）将生死寿夭、苦乐悲欢、是非荣辱、高低贵贱放在心上是愚人的悲哀，这样的人还在"有我"的境界里苦苦挣扎。在老子看来，既然人间的生死寿夭、苦乐悲欢、是非荣辱、高低贵贱没有什么区别，是虚幻不实的，是梦，人们就应该把它们看淡，身处其中而心处其外，不去辨识，不去执着，来了就让它们自然而然地来好了，去了就让它们自然而然地去好了。可是人们却往往做不到，结果是自寻烦恼，等到事情过去了，才醒悟过来，悔不当初。

烦恼的根源就在于考虑自己太多了，心有所求，患得患失间烦恼丛生。无我亦无烦恼，忘我亦为安然。无我无畏，无私无忧才是最高境界。烦恼的时候，试着放下一些东西。大千世界如过眼烟云，何必执着呢？既在人世，内心常想着为社会、为大众、为众生服务，又何惧烦恼呢？

【学堂总结】

世上只缘认得"我"字太真，故多种种嗜好、种种烦恼。有我之境，以我观物，物皆着我之色彩。无我之境，以物观物，不知何者为我，何者为物。不复知有我，安知物为贵。知身不是我，烦恼更何侵。人一旦达到"无我"的境界，就没有什么忧患了。

最好的管理就是不管理

【引子】

"太上，不知有之；其次，亲而誉之；其次，畏之；其
次，侮之。"

——老子·第十七章

最好的管理者，大家都不知道他的存在。水平次一点的管理者，大家热爱他，赞美他；水平再次一点的管理者，大家都畏惧他；再次的管理者，大家轻侮他。

【专访】

有人认为，管人就是施展手中的权力，通过三寸不烂之舌让别人"俯首称臣"。事实上，管人可没那么简单，它是一门高深的学问。

老子教导我们，作为管理者要"无为"。做到了"无为"，实际上也就是有为。不仅是有为，而且是有"大为"。《庄子》中有一段阳子臣与老子的问答。

有一次，阳子臣问："假如有一个人，同时具有果断敏捷的行动与深入透彻的洞察力，并且勤于学道，这样就可以称为理想的官吏了吧？"

老子摇摇头回答："这样的人只不过像个小官吏罢了！只有有限的才能却反被才能所累，结果使自己身心俱乏。如同虎豹因身上美丽的斑纹才招致猎人的捕杀；猴子因身体灵活、猎狗因擅长猎物所以才

被人抓去，用绳子给捆起来。有了优点反而招致灾祸，这样的人能说是理想的官吏吗？"

阳子臣又问："那么，请问理想的官吏是怎样的呢？"

老子回答："一个理想的官员功德普及众人，但在众人眼里一切功德都与他无关；其教化惠及周围事物，但人们却丝毫感觉不到他的教化。当他治理天下时不会留下任何施政的痕迹，但对万物却具有潜移默化的影响力。"

这就是老子"无为而治"的至理名言。当然，无为不是叫领导者完全撒手不管的意思，而是要多领导少管理。管理是督促人往正确的方向前进，而领导则给予一种工作的动力，使人从工作中获得成就感和归属感，这是最基本的人性需求。所以，领导者有时要兼任管理，而管理者也得运用领导的技巧。但是，阶层愈高，则须多领导而少管理。

老子认为，优秀的领导者不会让手下觉得他在管人。领导和管理的最终目标是趋同的、一致的，基本职能也是互融的、相通的，但两者仍然有着显著的区别。

（1）领导者强调未来，是播种者；管理者着眼点在目前，是花匠，懂得怎样修剪树枝，美化环境。

（2）领导者是曹操，懂得用"望梅止渴"的远见和激励；管理者是孔明，擅长"草船借箭"的计划与执行。

（3）领导者犹如建筑师，知道怎么设计最有效能的房子；管理者是包工，懂得怎样把房子造得最有效率。

（4）领导是做正确的事，管理是把事情做正确。

我们时常看到，有的地方天天喊管理，制度一个接一个地出台，结果越管越乱，越管效率越低。导致人们"管得多，又管不住"的因素主要是：对下属不信任、害怕削弱自己的职权、害怕失去荣誉、过高估计自己的重要性等。归根结底是人们对于领导作用缺乏正确的认识。

清华紫光集团总裁张本正主张"管理的最高境界就是去除管理"。去除管理并非不要管理，不要管理制度，而是让员工感受不到管理的存在，管理制度不会成为员工精神上的限制和束缚。具体说来，企业至少应做到以下几点，才可望达到"去除管理"的境界：

一是树立具有凝聚力的企业文化。这是人本管理的基础工程。优秀的企业文化为员工确立一种具有群体心理定式的指导意识，建立共同的文化氛围，树立共同的价值观及由价值观指导下的企业目标、企业精神、职业道德等，能激发员工爱岗敬业、奋发向上的工作热情，使员工的积极性、主动性、创造性最大限度地得以发挥，从而产生归属感、使命感、凝聚力、向心力。用优秀的企业文化统一员工意志，比再严厉的管理制度都要管用百倍。

二是确立具有亲和力的层级关系。企业上下级关系应当体现平等、团结、友爱、活泼的原则，主要管理者应当统揽而不包揽、敢断而不武断、放手而不撒手、大度而不失度。其他各级各类管理者和普通员工也都要有各自明确的职责分工，相互之间进行协调、配合、沟通，立足自己的岗位把工作做好。这种具有亲和力的层级关系起着维系人心、增进团结、实现目标的黏合作用。

三是建立具有活力的成长环境。企业要为每个员工（包括各类各级管理者）架构施展才华的舞台，提供创造价值的机会。使人人都能与企业共同成长。这类激励举措包括加薪、晋级、配送股权期权，当然还包括送员工培训深造等精神激励办法。在这种充满活力的工作环境中，员工的思想和行为与企业目标自觉等高，员工为企业创造价值，企业也同时为员工创造价值，实现"双赢"。

"去除管理"所应达到的效果是使企业的生产经营活动形成一个"流"，生产经营诸要素在时间和空间上得到最优组合，以最少的人力、最小的消耗、最省的时间、最短的流程、最简的动作来完成最大的工作量。鉴于目前我们很多企业还缺乏科学管理理念和管理方式，充分认识管理科学的内涵，因企制宜进行管理创新，实在是迫在眉睫的事情。

最好的管理是少管理。谨记老子"太上，不知有之"这句话，就会受益无穷。

【学堂总结】

最好的管理是不管理。这样的管理，大家会意识到事情有条不紊，每件事都像是顺理成章，但并不感觉到管理层的刻意经营，甚至他们的存在。在这种环境工作，人们获得自由的空间，发挥所长，给自身、机构和社会带来最大的好处。

脚踏实地， 循序渐进

【引子】

> "企者不立，跨者不行；自见者不明；自是者不彰；自伐者无功；自矜者不长。其在道也，曰余食赘形。物或恶之，故有道者不处。"
>
> ——老子·第二十四章

踮起脚尖想要站得高，反而站立不住；迈起大步想要前进得快，反而不能远行。喜欢自我显露的人是不会深入调查、甚至不听别人的意见；自以为是的人不能有效的彰善瘅恶；喜欢自我夸耀的人是做不好事情的；居功自傲的人是不能圆满的处理事情的。

踮起脚尖来，能站多久呢？其实，是难以长久立足的，练过功夫的人，也不过站立短暂的时间。平时，人们很少踮起脚来站立，也许是个儿矮，为了与人比高，才这样做，或者是谁偶然远望。但是，到底是站不久的。这便是"企者不立"的道理。

"跨者不行"是说跨开大步走路，只能是暂时偶然的动作，却不能永久如此。如果你要故意跨大自己的步伐去行远路，那是自取颠沛之道，不信，且试跨大步走一二十里路看看，跨大步是走不远的。因此，老子用这两个人生行动的现象来说明有些人好高骛远。"企者"，就是好高；"跨者"，就是骛远。如果把最浅近的、基础的都没有做好，偏要向高远的方面追求，不是自找苦吃，就是甘愿自毁。

循序渐进是事物发展的规律，做事要脚踏实地，一步一步地来，一个台阶一个台阶地上，不可急于求成。成功的诀窍体现在一个"度"上，不可操之过急或过缓，要掌握求稳渐进的奥妙。做事要稳妥和周全，稳扎稳打，一步接一步地有序地进行。

以平常心做事，自水到渠成。比如，读书是件慢活，急不得。尤其是人文科学门类，知识有一个积累的过程，认识有一个深化的过程，工夫不到，水平就难达到，体悟不到，感觉就找不到。那种"活学活用，急用先学，立竿见影"的办法实在是把学问当做了工具，当做了一件随手可以抓来的用品，这样的实用主义态度是最要不得的。因而读书首要之事就是抛掉这种态度。

古时候有一位射箭能手叫飞卫，有一个叫纪昌的人来向他学习射箭。飞卫对纪昌说："学射箭要先练眼力，你应该先学会看准目标不眨眼，然后才能谈到学射箭。"纪昌听了飞卫的话后，便回家每天躺在自己妻子的织布机下面，两只眼睛直直地盯着两个脚踏板，先学习不眨眼睛；妻子在织布机上织着布，他看着脚踏板上下翻动。这样不间断地坚持了两年时间，纪昌真正做到了看见物体震动而不眨眼睛。

纪昌以为练得差不多了，就跑到飞卫那里，把自己学习的成绩告诉了飞卫。飞卫听了又对他说："还是不行！你还得继续锻炼眼力。你能够做到把一个很小的东西看得很大、把一个细微的东西看得很清楚才行。等你达到了这样的程度再来告诉我！"

纪昌听了老师的话，又回到家中练起眼力来。他用一根牛尾巴上的毛拴上一个虱子，挂在窗户上，每天朝南目不转睛地望着。这样练了10多天，那牛毛上的虱子在他眼睛里渐渐地大起来。练了3年之后，那牛毛上的小虱子在他眼里就大得像车轮一般了。这时候，他再用眼睛看别的东西，面前就像出现了一座小山一样。

纪昌又高兴地到了飞卫那里，把自己练习眼力的方法和所得的结果告诉了他。飞卫高兴地说："这回你可以学习射箭了！"于是，纪昌便用北方出产的角做了一把弓，用南方出产的竹竿做成了箭，按照飞卫教给的方法练习起来。他用箭去射拴在牛尾上的小虱子，一天一天练下去。最后，他的箭射穿了小虱子的中心，而那细细的牛尾却没有断。纪昌把自己的成绩告诉了飞卫。飞卫高兴地跳起来，拍着自己的胸脯对纪昌说："射箭的妙处你已经得到了！"从此以后，纪昌就成了百发百中的射箭能手。

无论学习什么都不能急于求成，首先要打实基础。学习是个循序渐进的过程，没有脚踏实地的努力不会取得最后的成功。饭要一口一口地吃，路要一步一步地走。做人要有平常心，要有一种超然的态度，不能心浮气躁、急功近利，要始终保持一种持之以恒、力学笃行，认真做事、本分做人的平静心态。

在我们的学习与生活中，要树立远大的志向为自己的人生制定一个宏伟的目标，做一个对社会有用的人，同时也要为我们眼前的生活制定可行的、切实的目标，做一个脚踏实地、勤勤恳恳的人。

【学堂总结】

循序渐进是事物发展的规律，做人要有平常心，要有一种超然的态度，不能心浮气躁、急功近利；做事要有长久的耐心，要有坚持不懈的精神，要持久地努力做事，脚踏实地，一步一步地来，一个台阶一个台阶地上，功到自然成。

道法自然，懂得行止

【引子】

"人法地，地法天，天法道，道法自然。"

——老子·第二十五章

人以地为法则，地以天为法则，天以道为法则，道则纯任自然，以它自己的样子为法则。

【专访】

"人法地，地法天，天法道，道法自然"，这是老子在分析研究了宇宙各种事物的矛盾，找出了人、地、天、道之间的联系之后，所作出的论断。这13个字，不仅是自然界的法则，也是对人的生命来源的解析和对人的修身养性的法则，是老子思想精华之所在。

在广阔无垠的宇宙中，人受大地的承载之恩，所以其行为应该效法大地；而大地又受天的覆盖，因此大地应时时刻刻效法天的法则而运行；然而，"道"又是天的归依，所以天也是效法"道"的法则周流不息；"道"是化生天地的万物之母，其本性是无为的，其发展变化是自然而然的，这又好像"道"是效法"自然"的行为，因此说"道法自然"。实际上"自然"是"道"的本性，"道"本来就是自然无为的。

天地万物都是自然生成的，而自然规律更是自然产生的，所以有许多事物发展变化，不是以人的主观意志为转移的。人要尊重自然，尊重自然规律。

老子认为，懂得人的行止，立足于自然的规律，居处于自得的环境，明白应变，屈伸自如，就可以说是道的较高境界了。

在自然状态中，人们自由自在。人，呈现出天然本质；物，也呈现出天然本性。人，假如能常守自然本性，便能外在态度安详，内在精神平静，有一种天德，也就成了生命自然的宠儿。于是，人敬人爱，外物也不伤害。我们应当明白：行事，只能行可行之事；辩论，只能辩可辩之理；智慧，就是在发现不可勉强进入的地方，叫人止步。

为什么这么说呢？因为人从天地而来，人本该秉从天地的禀性，自然而然地来到这个世界，又自然而然地长成，自然而然地求衣食，又自然而然地离开这个世界，回到天地的怀抱。一切的一切，都是自然而然的，过犹不及。

这里又出现一个问题，什么是自然呢？自然就是一人一物一事的自身本来的样子。世间一切都是自然的，人也是自然的一分子，人也是自然，不增加什么，也不减少什么，就是自然。加或减都是损害自然。

老子认为，人之所以有惊恐、疑惧、喜悦、苦恼、忧伤、快乐，是因为人向来有改变自然的冲动，人也就注定背起苦难去追求幸福。但实际上，人的本来样子却是另外一个样子的。

人与世上的其他任何事物一样，是自然的一部分，是能活动的泥土。虽然人是有智慧的，也不过是能创造奇迹的泥土。我们从天地而来，又回归天地老家，但我们传达了天地的神奇，宣泄了天地的奥秘。那就是我们的生命，那就是我们的生命创造，或者，那就是我们生命的意义。

所以，老子以神悟天慧的心与口说："道大，天大，地大，王亦大。人法地，地法天，天法道，道法自然。"人若保持先天而来的那种同于天地的自然德行，那人就和天地一样泰然自若，又像天地一样宽宏伟大，这样的人就可称"王"了。当然，这个王不是帝王的那种王，不是帝王的那种杀伐、霸道、强横的赫赫威势，而是有如天地的那种自然造化之功，宽宏和顺之德。当然，有此功德者，也就是名副其实的王了。

在生活和工作中，有的人一味迎合他人，强装笑脸，自己屈心抑志，在一旁观看的人，也觉得难受得很。有的人故作高傲，完全按自己的主意行事，与人交往时合则留，不合则去，比自己强的人不接近，比自己差的人不迁就，这使自己的心灵很寂寞，也很压抑。

然而，有的人则自然地与人相处，把功利放在一边，把评价放在一边。这样，别人舒服，自己也舒服！

【学堂总结】

天地万物都是自然生成的，任何事物的最高境界都归于自然。人虽为万物灵长，但还是自然进化的结晶，是自然的一分子。因此，人孜孜以求的道的真谛，还是自然法则。人如果能够道法自然，懂得行止，明白应变，屈伸自如，就达到了道的较高境界。

厚积薄发，　大器晚成

【引子】

大器晚成。

——老子·第四十一章

贵重的器物总是花费很多时间才能做成。

大器晚成这个词，一般被用来安慰那些少年不得志的人。但这并不是老子本来的意思。"晚"不是指年龄，而是指时间。准确地说，是刻苦努力的时间。只要为成功付出了相当的努力，就可望成功；反过来说，一定要将成功希望寄托在长期努力上，不可急于求成。

人就如一棵树，根深土厚，则茁壮茂盛，必成参天大树栋梁之才；根浅土薄，则生长无力，恹恹欲睡，到老也是又细又矮的小材料，只能够个扁担的料罢了。因此要想成为撑住国家的栋梁，必须进行艰苦持久的"培土固根"，大器之所以成为大器，很大一部分是由于晚成，因其晚而准备充足。

东汉时，有一个名叫马援的人12岁就失去了父母，靠他哥哥抚养长大。马援少年有志，可天性并不聪明。当时，同村有个叫朱勃的人，与马援年纪相仿，却能口诵《诗经》《尚书》。马援见此，自愧不如，于是就向哥哥提出要去边疆放牧。哥哥十分了解弟弟，他安慰弟弟说："你是很有才干的人，只要奋发努力，克服自卑，时间久了，定成大器。"马援听后，发奋学习，坚持不懈，终于在55岁时被封为伏波将军。在东汉建立的过程中，马援屡建奇功，成为了"大器晚成"的名将。

中国有一句古话：少年得志不如大器晚成。少年得志固然好，但往往年纪轻轻就小有成就，后面由于一直受众人的照顾和宠爱，很多事情对他就变得很容易，久而久之，就往往丧失了原先激发他成功的条件，他也容易慢慢脱离了对人生底层的体验，容易慢慢就远离了本质，远离了原先被众人所肯定的基础了。到最后，很可能就"泯为众人"了。

大文豪鲁迅先生37岁才发表作品，从此一发而不可收，终成一代文坛领袖；有些作家过早成名，过早恋爱，心浮气躁，最终也没有几部像样的大作。多产并不意味着质量高，很多人著书等身，却都是泛泛之作，不久就默默无闻了。

现实生活中，能年小出众，而一直坚持优秀到最后的人，是非常少的。而往往实际世界中，最后成就大事业的，绝大数是年轻时不出众，而靠持恒的毅力，一直努力，到最后量变引起质变，厚积薄发了。

很多事情，不是靠天赋就能一蹴而就，而是靠持恒的努力。如果天赋好，也需要继续努力，继续发挥天赋；如果天赋不好，则更要努力，以后天的努力补先天的不足。不管是少年得志，还是少年平凡，都应以一种平常心，持恒努力，笑到最后，笑得最灿烂。

《三国志·魏书》有言："此所谓大器晚成者也，终必远至。"西汉严遵《道德真经指归》说："大器晚成，无所不有。变于无形，化于无朕，动而无声，为而无体。威德不可见，功业不可视。祸息于冥冥，福生于窅窅。寂泊而然，是谓至巧。万物生之，莫知所以。勉勉而成，故能长久。"

达·芬奇学画鸡蛋这种简单物体画了 3 年。他用最慢的方法，成为画坛泰斗。这是历史上的真实故事。

成功需要积累，厚积薄发，大器晚成。很快到手的东西，其价值令人怀疑；在速成班学会的"半吊子"技术，好看不好用；考试前临阵磨枪的速成成绩，造就的只是高分低能……

尽管生活已经给了我们太多教训，有些人还是"不信邪"：别人需要"大器晚成"，但我不需要。为什么呢？因为我的智商高，或者说比别人聪明。他们每天都在琢磨如何找到一条捷径，省略辛苦练习的过程，比别人更快地实现人生目标。他们最后找到的捷径是赌博、买彩票、做违反规则的事情。他们的理论依据是：马无夜草不肥，人无横财不富。结果呢？最后一事无成。

真正的智者都知道，成功要靠一点点积累，一点点悟。正如美国著名的专栏作家查理·库金先生所说："成就伟业的机会并不像急流般的尼亚加拉瀑布那样倾泻而下，而是缓慢的一点一滴。"

很多事情，不是靠天赋就能一挥而就，而是靠持恒的努力。如果天赋好，也需要继续努力，继续发挥天赋；如果天赋不好，则更要努力，以后天的努力补先天的不足。不管是少年得志，还是少年平凡，都应以一种平常心，持恒努力，笑到最后，笑得最灿烂。

有所为， 有所不为

【引子】

> 为学日益，为道日损。损之又损，以至于无为。无为而无不为。
>
> ——老子·第四十八章

求学的人，其情欲文饰一天比一天增加；求道的人，其情欲文饰则一天比一天减少。减少又减少，到最后以至于"无为"的境界。如果能做到无为，那就可以无所不为。

【专访】

做学问自然是愈多愈好，如此才能增长见识；修道则必须放淡欲望、清净无为，并且必须专一修炼，才能得道与开慧。

"为学日益"是说向外追求学问，通过学习获得科学技术知识，学习知识与技术要不断地丰富完善，才能做到精益求精。"为道日损"是指向内追求智慧，通过默修开启潜意识，从物质到精神过程中的私心杂念都要——剪除，以期求人与自然的便捷沟通，与道会合，实现艺术与人生的最佳状态。损之又损、减之又减、简而再简、约而再约，"道"便显露出来。在这个求"道"的过程中，就可以开辟出一块广阔的空间来。这是一个修炼的过程，也是一个去杂念而存朴质的过程。

因此，无为是学道悟道的最高境界，一个人如果能达到这种境界，也就是心灵修炼达到上乘的境界了。人如果能够不妄为，就没有什么事情做不成。

当然，老子在这里所说的"以至于无为"不是绝对的，而是相对的。但即使这样，我们普通人也达不到。怎么办呢？做任何事情都要尽量接近"无为"。

日本著名科学家系川英夫在他所著的《一位开拓者的思考》一书中，讲了一段极富哲理的话："人生的重挫酷似翻船，为使身体不致由水流动力紧紧地吸附于船底，造成窒息性死亡，就要落水后借助坠落的劲儿蜷缩身体，一沉到底，然后再顺着水流浮出水面，以求摆脱葬身鱼腹的命运。人生处于逆境时，如硬要违背客观规律，结果只能加剧事态的恶化。逆境之中最关键的是顺应所处的环境并暗中积蓄力量。"

这里的"蜷缩身体"、"一沉到底"，看上去好像非常消极，一副听天由命、不再挣扎的样子，但却是死中求生的正确选择。如果不顾客观情势在坠水之后就拼命地胡乱扑腾一番，那倒会事与愿违，落得一个葬身鱼腹的下场。

一个是"无为"——不作挣扎，一个是"有为"——拼命挣扎。无为者生，有为者死。这就是"无为而为"的神妙。

"无为而无不为"，这几个字中包含着丰富的哲理。无论做什么事情，都是有所为有所不为的。人生当中，如果有人想无所不为，那么最终的结果就会一无所为。做事要有所取就要有所舍，有所攻就要有所守，贪心太大，必遭祸害。

古今中外的修道之人都必须去掉各种欲望，达到清净无为的精神境界之后，才能功成圆满。所以，做学问讲究每天精进，做人在于每天减少一点杂念与欲望。有所为，有所不为。

一个年轻人，很想在任何方面都比他身边的人强，想成为一名大学问家。许多年过去了，他的其他方面都不错，但学业却没有长进。他很苦恼，就去向一个大师求教。

大师说："我们登山吧，到山顶你就知道该如何做了。"

山上有许多晶莹的小石头，很迷人。每见到他喜欢的石头，大师就让他装进袋子里背着，很快，他就吃不消了。

"大师，再背，别说到山顶了，恐怕连动也不能动了。"他疑惑地望着大师。

"是呀，那该怎么办呢？"大师微微一笑："该放下，不放下背着石头咋能登山呢？"

年轻人一愣，忽觉心中一亮，向大师道了谢走了。之后，他一心做学问，进步飞快。

人生就如登山，每个人都在前行的过程中不断地往袋子里累积东西，这些东西包括你的名誉、地位、权力、财富等。很多人只知道一味地往自己的袋子里堆积东西而不知道放下，以至于身心疲惫。

拥有太多有时并非是好事，拥有太多，顾虑也就多了，包袱也就沉了，那会拖累自己。所以我们要学会选择，懂得放下。收获对自己有益的东西，放下让心灵疲惫的一切，这样才能轻松地赶路。

凡事都有一个度和量，过分追求自己的所得，往往会适得其反，失去更多。人生即哲学，要有所得有所放。有时，人生需要加法，追求名利、追求知识、追求成功、追求富贵；但有时也需要用减法，远离名利、看淡成败、安于淡泊。

宋代林逋在《省心录》中说："饱肥甘、不知节者损福；广积聚、骄富贵不知止者杀身。"老子和林逋这两位智者劝导人们要知足、节制、知止，其实质上就是说人生要学会选择，要懂得取舍。一个人的生存能力再强、精力再多，也不可能无所不为，将所有的东西全部收为己用。什么都想要，什么都想做，只会什么都得不到，什么都做不好。

【学堂总结】

无论做什么事情，都要有所为有所不为的。如果有人想无所不为，那么最终的结果就会一无所为。成败在于选择，在于取舍，在于顺势而为。人如果能够不妄为，就没有什么事情做不成。

有所不为才能有所为

【引子】

取天下常以无事，及其有事，不足以取天下。

——老子·第四十八章

治理天下经常用清静无为的方法，如果政治措施繁多严苛，就不足以治理天下了。

道家认为，一切有为之治都会使天下之人"淫其性"而"迁其德"，因此"君子不得已而临莅天下"就应当"莫若无为"。无为，然后能无不为；无为，然后能有作为。

统治者应该以清静无为、无欲无争规正自身，人民就自然地回归于淳朴，社会就自然地趋于安定，国家自会呈现国富民安的太平盛世。相反的，如果事必躬亲，经常有事需要处理，就不能治理天下了。

"有为"与"无为"两个看似相反的作为，其实是相互贯通的。顺应客观，无为而治，并非完全听天由命，任人摆布，而是在顺应客观的同时，主动地、策略地、乐观地、自觉地去驾驭现实环境中所遇到的矛盾，并制定合理的方针、策略。

所以，"无为而治"，其实是貌似无为，实则有为，眼下无为，长远有为的一种为政策略。

"有为而治"和"无为而治"符合辩证法的原理。"有为"是手段，"无为"也是手段，"治"才是目的。表面看来，"有为"和"无为"似乎是不相容的，但作为工作方法来看，它们却能够殊途同归，共同达到"治"的目的。

随着社会生产力的高度发展，生产规模的扩大和部门层次的增多，一个高层（相对来说）的领导者即使精明强干，能力超群，也是无法事必躬亲，样样"有为"的。他必须忽略可以忽略的东西，做到大事"有为"，小事"无为"。

那么，领导者如何做好"有为"与"无为"呢？

（1）领导者只需在事情的开始阶段表现出"有为"来。实践证明：很多事情不必领导者躬亲其过程，而只需要在开始表示一个态度就可以了。这种表态可叫"拍板"，也可叫"决策"，算是"有为"的举动。领导者仅在工程之始参加的"奠基仪式"、"开工动员"等就是属于此类性质。

有一家企业的老总，是一位非常敬业的企业家。她事无巨细，事必躬亲。公司里的事，无分大小，她都要亲自过问。她手下有5个副总级的干部，但她不放心，不放权。一个人忙得团团转，身体累垮了，企业还是不断出问题。

一个人的精力是有限的。你不可能什么都想得到而又什么都不想失去。你必须学会选择，学会放弃。这就要"有所为，有所不为"。

领导者只需在事情的中间环节上表现出"有为"来。此时的"有为"，是为了引导、完善群众运动，促使高潮的到来。而当高潮形成后，他应当奔向新的目标，在新的领域开始自己的"有为"。

诸葛亮可谓是一代英杰，身在茅庐之中，就已经看到三分天下的鼎足之势，并且制定了辅助皇叔刘备匡复汉室的宏伟计划。然而他却日理万机，事事躬亲，乃至"自校簿书"，终因操劳过度而英年早逝，留下了"出师未捷身先死，长使英雄泪满襟"的遗憾。

明朝的吕坤在《呻吟语·人品》中说到"有所不为，为必成！""为"与"不为"是事物对立的两个方面，有所不为才能有所为，有所不为便能"为必成"，有所不为是大有所为的必要前提。相反，如果不分主次、轻重、缓急，任何事情都"为"，其结果必然是"无为"又"无成"。

【学堂总结】

有为与无为相互贯通。无为而治，是在顺应客观的同时，主动地、策略地、乐观地、自觉地去驾驭现实环境中所遇到的矛盾，并制定合理的方针、策略。无为，然后能无不为；无为，然后能有作为。

做趋势的追随者

> 天之道，其犹张弓欤？高者抑之，下者举之，有余者损之，不足者补之。天之道，损有余而补不足。人之道，则不然：损不足以奉有馀。
>
> ——老子·第七十七章

大自然的规律，岂不就像拉弓一样吗？弦位高就被抑低，弦位低就被拉高。有余的被减少，不足的被补充。减少有余，弥补不足，这正是大自然的规律。人间的法则却不是这样，总要剥夺不足，而用来供奉有余。

【专访】

老子认为，天道自然，就是顺乎万物的自然规律，只要是矛盾的两个方面，一定会相互转换的。高山变成沧海，沧海化成桑田。有生有死，有死有生。一切的一切，都在自然而然地变化着。人在日常活动中要顺应自然，顺势而为。

顺势而为，不能强势而为，更不能逆势而为。智者顺势而为，愚者逆势而动。一个人能够做趋势的追随者，无论是进是退，都占尽先机。

所有的英雄，都是因时势而成的。天下最不可为者，莫过于逆势而行。逆势逆时，往往不只是事倍功半，而是徒劳无功，甚至身败名裂。

水从高原由西向东流着，渤海口的一条鱼逆流而行。它的游技很精湛，因此游得很自如，一会儿冲向浅滩，一会儿划过激流。它穿过湖泊中的层层渔网，也躲过无数水鸟的追逐。

它逆行通过著名的壶口瀑布，堪称奇迹；它穿过水流湍急的青铜峡谷，博得鱼儿们的齐声喝彩。它不断地游，最后穿过山涧，挤过石隙，游上高原。然而，它还没来得及发出一声欢呼，瞬间就被冻成了冰。

若干年后，一群登山者在唐古拉山川的冰块中发现了它，它还保持着游水的姿势，有人认出，这是渤海口的鱼。

一个年轻人感叹道："这是一条勇敢的鱼，它逆流而上，游得远，游得长，游得久。"一位老者却为之叹息："冲动莽勇，逆势而行，自取灭亡。"这两种观点，你赞成哪一个呢？

凡事都有个趋势，顺势而上，自然成功率高；逆势而上遇到的阻力就会高。自古办事者有顺势而行者，有逆势而行者。顺势而动，无往不利；逆势而行，举步维艰。伟大的拿破仑后期总打败仗的原因就是逆大势而动：天下人都厌恶了战争，他还持续发动战争，结果成为了阶下因。

孙中山说过一句名言："天下大势，浩浩荡荡，顺之者昌，逆之者亡。"即使是孙中山这样的旷世之才，也要顺着天下大势的方向做事，不能由着个人的性子，也许智者与庸者的区别就在于是否能够判断出社会的发展趋势，并抓住机遇，顺势而为吧。

三国时期，蜀弱魏强。一般的道理是强者吞并弱者。魏国的君臣大多是人杰，又有地广人多的地利和人和，有机会就可灭掉蜀国。蜀国虽然有孔明、刘备，但人才储备远逊于魏国，再加上地小人少，根本无法与魏抗衡。

孔明为了报答刘备的知遇之恩在前，姜维为了完成孔明的志向在后，都一心伐魏，明知做不成的事，却凭着自己的才华，硬着头皮去做，结果只能是无功而返。

孔明六出祁山，每次都劳师动众，但收效甚微。到了姜维主持军事，蜀国更加弱小，但他为了告慰孔明的在天之灵，多次率领小部队进攻魏国，都没有什么成效。

诸葛亮是三国时期杰出的政治家，战略军事家，蜀汉丞相，谥曰"忠武侯"。到了费祎执政时，姜维三番五次要大举进攻，都被费祎拒绝。到黄皓执政时，姜维可以独立主持军事了。他率大军多次进攻魏国。结果没灭了人家，反而让魏国灭了自己。

其实，不是孔明和姜维的计谋不行，也不是他们不够勤奋，而是犯了逆势而行的错误。

顺势者，会使生命舒展勃发，即使普通人也可能成就大事。逆势者，生命蜷曲枯萎，即使伟人也可能面对失败。在竞争日益激烈的当今社会中更是如此。万事皆有定律，违背"顺势"法则的人，成功的几率很小。做人行事当牢记：不要逆势而为。

【学堂总结】

智者顺势而为，愚者逆势而动。所有的英雄，都是因时势而成的。天下最不可为者，莫过于逆势而行。一个人能够做趋势的追随者，无论是进是退，都占尽先机。逆势逆时，往往不只是事倍功半，而是徒劳无功，甚至身败名裂。

课节二 以柔克刚：
无为而治的思想境界

最柔弱的东西里面，往往蓄积着人们看不见的巨大力量，使最坚强的东西都无法阻挡。柔弱不是脆弱，不是软弱，不是薄弱，它也许在形态上像水那样柔细，那样软弱无力，但滴水穿石，其力大无比。柔弱是万物具有生命力的表现，人生亦如此，柔弱胜刚强。

恒是成功的真谛

【引子】

强行者有志。

——老子·第三十三章

坚持往前走的人最有志向。

【专访】

老子一直强调"柔",对"强"很回避。但这里，老子还是对"强行者"给予了认同。老子认为，强行者们是有志向的人。这里说的"强行者"是指不但拥有坚强的、不懈的、持之以恒的奋斗志向，而且能切实地付诸行动的人。

说白了，就是要具有在艰难困苦中能够坚持往前走的人。走过风雨，才能见到彩虹；走过今天的黑暗，才会迎来明天的朝阳。

比如，世界上每天都有许多新的公司诞生，也有许多公司消亡。在市场经济的浪潮中有许许多多的公司因善于经营而蓬勃发展，也有许许多多的公司因经营不善而在困境中挣扎。是不是我们可以说，那些在困境中挣扎的公司就没有希望呢？

我们已经习惯于为蓬勃发展的公司喝彩，其实，世界上很多优秀的公司都是从痛苦挣扎中一步步走过来的。

联想刚刚成立的时候，柳传志、李勤等 11 个"完全不懂得市场、不懂经营管理的科技人员"，面对激烈的市场竞争，一时不知所措。

计算所只给了他们 20 万元的贷款，这对于开发高技术产品的公司只是杯水车薪，要想继续发展下去，就必须要有足够的资金积累。

1985 年，公司组织全体职工，包括科技人员和总经理在内，全部投入低档次的技术劳务——为社会上其他公司验收、维修计算机、培训人员。技术劳务，实际上就是出卖技术劳动力。这样苦干了一年，他们用汗水积累了 70 万元，为以后开发拳头产品积累了必要的资金。

他们决定投资开发倪光南的联想式汉卡。经过不断地改进、翻新版本，联想汉卡很快占领了市场。后来，他们又代理 AST 微机，以其汉卡的优势建立了销售微机的渠道，有了自己稳定的客户。因此，公司销售额迅速增长，到 1988 年，公司销售额首次突破 1 亿元，达到 1.2 亿元。

"今天很残酷，明天更残酷，后天很美好，但大多数会死在明天晚上。"所以，不要被现实的困难击倒，更不要被未来的困难吓倒。相信，走过今天的风雨，跨过明天的险滩，后天一定可以见到彩虹。一个人做一点事并不难，难的是持之以恒地做下去，直到最后成功。

志向是人生的一种美好愿景，能够指引人生的方向，也能在遭遇坎坷时帮助我们坚持到底。坚持就是信念志向的支撑。一个人有了持之以恒的精神，即使再困难的事，都可以变为可能。

很多巨大的成功就是重复，重复的练习。就像奥运冠军，当人们都在赞扬他高超的技术，强大的能力时，又有多少人知道在练习中洒下多少汗水，重复了多少次这样的练习？没有先前的坚持不懈，哪有现在的成功，每一次成功都有它的原因，都是付出了汗水的。

世界上最长的距离就是想与做之间。很多人都有过这样的经历：想要做的事不能一直做下去，不能坚持到底。生活中渴望成功的人很多，真正成功的人却很少。成功最需要坚持，很多人因为缺少持之以恒的精神，于是输掉了人生，输掉了世界。

一个人做一点事并不难，难的是持之以恒地做下去，直到最后成功。坚持不断就是信念志向的支撑，一个人有了持之以恒的精神，即使再困难的事，都可以变为可能。

做人不能以大自居

【引子】

是以圣人终不自为大，故能成其大。

——老子·第三十四章

正由于得"道"的人不自居为大，所以它才是真正的至大。

【专访】

老子认为，做人不能"自居为大"，正是由于其"不自居为大，所以它才是真正的至大。"而要避免"自居为大"，就必须正确对待自己，正确对待他人，多看自己的不足，多看他人长处，也就是要谦虚做人。

中国旧时的店铺里，在店面是不陈列贵重的货物的，店主总是把它们收藏起来。只有遇到有钱又识货的人，才告诉他们好东西在里面。倘若随便将上等商品摆放在明面上，岂有贼不惦记之理。不仅是商品，人的才能也是如此。俗话说"满招损，谦受益"，才华出众而又喜欢自我炫耀的人，必然会招致别人的反感，吃大亏而不自知。所以，无论才能有多高，都要善于隐匿，即表面上看似没有，实则充满的境界。

这也正符合了道家提出的"意怠"哲学。"意怠"是一种很会鼓动翅膀的鸟，别的方面毫无出众之处。别的鸟飞，它也跟着飞；傍晚归巢，它也跟着归巢。队伍前进时它从不争先，后退时也从不脱队。吃东西时不抢食、不落后，因此很少受到威胁。表面看来，这种生存方式显得有些保守，但是仔细想想，这样做也许是最可取的。凡事预先留条退路，不过分炫耀自己的才能，这种人才不会犯大错。这是现代高度竞争社会里，看似平庸，但是却能很好地生存的一种方式。

自谦则人愈服，自夸则人必疑。如果你很谦虚，认为"三人行必有我师"，那你就会快乐许多。而当你尊敬他们的时候，他们会乐意将自己的学识、经验传授给你，同时又对你友善，使你不仅获得知识，又得到了温暖。人都不是十全十美的，就像尺与寸一样，各有所长各有所短，所以当你与人相处时，应该学会谦虚，而这样，你会从中得到意想不到的收获与效果。渐渐地，你的良好的口碑也就树立起来了。

谦虚做人必须凡事都做到心中有数，自己有本事要在最恰当的时候拿出来，即使成功也不骄傲。因为你不被重视，你不显山露水，那么你做什么事情都会很顺利，经过一段时期的积累，也就很容易走上成功之路。

从做事的角度来看，一个人只有具备谦虚的心态，才能谨慎处理各种问题，这样就能避免因为疏忽大意产生的严重后果。

正所谓"自谦则人愈服，自夸则人必疑。"在现代社会里，人们有了更多实现自我价值的通道，也取得了许多骄人的成绩，然而维持谦虚的姿态不仅没有过时，反而显得更有必要。

【学堂总结】

做人不能以大自居，正是由于不以大自居，所以才是真正的至大。谦虚是一种美德，适度地运用谦虚，也是制胜的一个法宝。人类如果失去谦虚，就会变成自大，自大就会失败，这是最需要警觉的。

柔弱胜刚强

【引子】

天下之至柔，驰骋天下之至坚。

——老子·第四十三章

只有天下最柔软的东西，才能出入于世上最坚硬的东西之间而游刃有余。

【专访】

柔弱是"道"的基本表现和作用。老子认为，柔弱是万物具有生命力的表现，也是真正有力量的象征。最柔弱的东西里面，往往蓄积着人们看不见的巨大力量，使最坚强的东西无法阻挡。

道家提倡要像风、水一样柔弱、谦下、宽容，看起来谁都能战胜它，一个指头就能戳透它，但最终以柔克刚，风能刮断大树，吹垮房屋，水能冲决大堤，淹没山陵。

老子有一位知识渊博，对许多问题都有奇特而独到的见解的老师，名叫常枞。一天常枞病了，老子去看望他。他俩便有一段著名的对话：

常枞张开口问："你看，我还有牙齿吗？"老子看看说："没有了！"常枞吐着舌头问："那么，还有舌头吗？"老子说："有，有，舌头还在！"常枞问："你懂得我的意思吗？"老子说："懂了，就是说，坚硬的已经掉了，柔软的还在。"常枞高兴地说："好！好！是这个意思。"

于是，老子在老师的启发下，悟出了"天下之至柔，驰骋天下之至坚"的思想。很多人不同意"柔弱胜刚强"，老子便举例说，水最柔弱，但可冲决一切坚强之物。

女人柔弱似水，但一个柔弱的女人或许是世界上杀伤力最大的人。

这样一个刚强勇猛的男人，却被一个弱女子摆弄的唯命是从。史书记载殷纣王"爱妲己，妲己之言是从。"

传说苏妲己是九尾狐狸精变来的妖女，非常淫秽狡诈残忍。有一次她和纣王站在楼上，远远看见祖孙二人挽着裤腿过河，爷爷步履稳健，而孙子在冷水中战栗摇晃。纣王问是什么原因，妲己说："爷爷老成，骨髓充盈；孙子稚嫩，骨髓不满。不信你叫人敲断他们的腿看看。"

纣王果然令手下去喊来那祖孙，将二人当场敲骨验髓，虽说妲己说对了，两条生命也没了。又有一次，他们碰到一个孕妇，妲己说："这个妇人怀的是男孩，不信你叫人验证。"这位昏君果然又叫人把那个孕妇肚子割开，还真的是个男婴，两条生命又呜呼了。

经过这两次之后，纣王对妲己唯命是从，她便开始挑拨君臣关系，残害忠良。纣王把三公重臣的九侯剁成了肉酱，把鄂侯晒成了肉干，拘囚西伯侯于羑里。哥哥微子数谏不听，气得投降了周朝，叔叔箕子吓得佯狂为奴，只剩下最忠诚的叔叔比干在朝了。

比干与妲己忠奸不同朝，是势不两立的死对头，妲己便说："比干心有七窍，不信你让人割开看看。"这一次纣王又让人把他叔叔的心扒出来了。人心只有四窍，何来七窍？纣王说："妲己你这次说错了。"妲己笑而不言，她笑傻瓜纣王中了她的计而犹不知。朝中没有栋梁臣，全国人民怨声载道，纣王的死期不远了。周武王发兵伐纣于牧野，殷兵阵前倒戈，纣王蹈火而死。

太极拳的动作软绵绵的，但是一推手，就可以把一个大汉掀翻在地。什么原理？这合了老子的那句话，"柔弱胜刚强"。老子一向贵柔，以柔克刚，以弱胜强。

人活着的时候筋骨是柔软的，死后则变得僵硬。万物草木生长的时候是柔脆的，死了则变得干枯坚硬了。所以坚强的东西是属于死亡的一类，柔弱的东西属于具有生命力的一类。因此打仗逞强就不能获胜，树木坚强就会遭受砍伐。老子的观点辩证地揭示了柔弱胜刚强的人生道理。

老子的"柔弱胜刚强"的哲学思想启示我们，在处理人与人的关系上，要柔弱谦让，而不能恃强凌弱，为了顾全大局，委曲求全也值得赞誉，而有时暂时的忍让和退却也能收到意想不到的效果。

【学堂总结】

最柔弱的东西里面，往往蓄积着人们看不见的巨大力量，使最坚强的东西无法阻挡。柔弱不是脆弱，不是软弱，不是薄弱，它也许在形态上像水那样柔细，那样软弱无力，但滴水穿石，其力大无比。柔弱是万物具有生命力的表现，人生亦如此，柔弱胜刚强。

不亢不卑，　不骄不谄

【引子】

> 大国不过欲兼畜人，小国不过欲入事人。夫两者各得所欲，大者宜为下。
>
> ——老子·第六十一章

大国不要过分想兼并众小国，"小国"不要过分想顺从大国，大国小国都可以达到愿望，强大者更应该谦下！

【专访】

老子认为，尊、卑、贵、贱是很自然的，就像春、夏、秋、冬四季花开一样，作为人不要有什么负担。尊贵的人不要觉得高人一等，卑贱的人不要觉得低人一等。

此外，老子还说："大邦以下小邦，则取小邦；小邦以下大邦，则取大邦。"在国际交往中，不论国家大小，只要以平等、谦逊的态度对待对方，就可达到驾驭对方或寻得对方庇护的目的。当然，不是无止境无原则地退让，而是有原则有限度的，即是"适度"的。

老子的这种智慧思想，到现在仍不为很多人所了解。可怜的追逐"名"的人，对地位高名声大的人毕恭毕敬，在他们面前可以把自己打扮成哈巴狗，在地位名誉不如自己的人面前，又把自己打扮成奴隶主，吆三喝四，好不威风。

还有的人在与自己同等级、同层次的人讲话时，表现比较正常，行为举止都会比较自然、大方。但是，在与比自己地位高的人交往时，就可能感到紧张，表现比较拘谨，并且自卑感强；相反，在与社会地位低于自己的人讲话时，就会表现得比较自如、自信，甚至比较放肆。

比如，有的人在自己的上级面前从不敢"妄言"，在同一科室的也不多说话，可是在自己的下级面前讲话时，则落落大方，侃侃而谈。有的则在一般人面前总是摆出一副能者的架势，可是一见到权威就显得十分驯服和虔诚。

这都是不合理的做法。按老子的意思，推而广之，上下级之间的讲话，上级要力求避免采取自鸣得意、命令、训斥、使役下级的口吻说话，而是要放下架子，以平易近人的方式对待下级。这样，下级才会向你敞开心扉。谈话是双边活动，只有感情上的贯通，才谈得上信息的交流。

平等的态度，除说话本身的内容外，还通过语气、语调、表情、动作等体现出来。所以，不要以为是小节，纯属个人的习惯，不会影响上下级间的谈话。实际上，这往往关系到下级是否敢向你接近。此外，上级同下级谈话时，要重视开场白的作用。不妨与下级先扯几句家常，以便使感情接近，除掉拘束感。

上级同下级说话时，不宜做否定的表态："你们这是怎么搞的？""有你们这样做工作的吗？"在必须发表评论时，应当善于掌握分寸。点个头，摇个头都会被人看做是上级的"指示"而贯彻下去，所以，轻易地表态或过于绝对的评价都容易失误。

下级汇报某改革试验的情况，作为领导，只宜提一些问题，或做一些一般性的鼓励："这种试验很好，可以多请一些人发表意见。""你们将来有了结果，希望及时告诉我们。"这种评论不涉及具体问题，留有余地。如上级认为下级的汇报中有什么不妥，表达更要谨慎，尽可能采用劝告或建议性的措辞："这个问题能不能有别的看法，例如……""不过，这是我个人的意见，你们可以参考。"这些话，起了一种启发作用，主动权仍在下级手中，对方容易接受。

下级对上级说话，则要避免采用过分胆小、拘谨、谦恭、服从，甚至唯唯诺诺的态度讲话，改变诚惶诚恐的心理状态，而要活泼、大胆和自信。

总之，最好是不亢不卑。不亢不卑也是做人、为官的原则，不与人争斗，也不屈服于强力，既不受人压制也不去压制别人；既不盛气凌人，也不低三下四，做一位清白正直的君子。

【学堂总结】

心高气傲、盛气凌人的态势使人难以接近，自轻自贱、性格懦弱的姿态令人轻蔑和瞧不起。对人要有恰当的分寸，不傲慢自大，不低声下气，不巴结奉承，平等态度处事待人。

把自己放在下位

【引子】

江海所以能为百谷王者，以其善下之，故能为百谷王。

——老子·第六十六章

江海所以能成为百川归往之地，因为它处于低下的地位，所以才能成为百谷之王。

【专访】

这里，老子按照他的一贯论述方式，先从物理世界的现象开始进入主题，他说："江海所以能为百谷王者，以其善下之，故能为百谷王。"

所以，老子始终赞美能够为万物而贡献出自己的力量而自己却默默地处于卑下地位的道路以及水。老子通过对江海吸收和融会了千川百谷的事实，说明了地位卑下才能获得万物的拥戴，能够成为百谷之王。

根据老子的说法，在人际活动、尤其是领导活动中，领导者必须将自身摆在比交往对象或领导对象更低的位置上，才可能建立起和谐的人际关系，而和谐的人际关系是领导者取得良好工作绩效的必备条件。

日本某矿业公司的一位董事长在他年轻时，因为自己工作上急于求成，遇事常急躁冲动，把事情办得很糟，结果被贬到基层矿山去担任一个矿的矿长。到职时，在欢迎酒会上，由于他不善喝酒又不善辞令，以致被老职员们认为是一个不讲人情的上司，年轻的职员和矿工们对他更是敬而远之。他在矿里一度很被动，工作开展不起来。

这样闷闷过了大半年后，在过年前夕，公司举办同乐会，大家要即兴表演节目。他在同乐会上唱了几句家乡戏，赢得了热烈的掌声。连他自己也没想到，那些一向对他敬而远之的部下们，会因此而对他表示如此的亲近和友好。

此后，他在矿上成立了一个业余家乡戏团。从此，他的部下非常愿意和他接近，有事都喜欢跟他谈。他也更加与部下贴心了，由过去令人望而生畏的人变成了可亲可敬的人。在矿上无论一件多难办的事，只要经他出面，困难就会迎刃而解，事情定能办成。由此这个矿的生产突飞猛进。因为他工作有能力，而且如此得人心，后来他荣升为这个公司的董事长。

他升为董事长后，有一次在工厂开现场会，全公司的头面人物都出席了。会上大家都为本年度的好成绩而高兴，于是公司总裁的秘书小姐提议使大家在欢乐中散会。她想出一个办法，把一个分公司的副经理抛到喷泉的池子中去，以此使大家的欢乐达到高潮，总裁同意秘书小姐的提议，就和这位董事长打招呼。董事长表示这样做不妥，决定由他自己——公司最高领导者，在水池中来一个旱鸭子游水。

董事长转向大家说："我宣布大会最后一个项目就是秘书小姐的建议：她叫我在泉水池中来一个旱鸭子戏水，我同意了，请各位先生注意了，我就此作表演。"于是他跳入池中，游起泳来，引得参加会议的几百人哄堂大笑。

事后总裁问他："那天你为什么亲自跳下水池，而不叫副经理下去呢？"

董事长回答说："一般说来，让那些职位低的人出洋相，以博得众人的取笑，而职位高的人却高高在上，端着一副架子，使人敬畏，那是最不得人心的了。"

董事长这些话唤醒了总裁，使他和董事长一样平时注意贴近部下，学到了办好企业的方法。

现代心理学也认为：和谐的人际关系会使组织气氛融洽，成员士气高涨，凝聚力增强。在这样的情境下，领导者就能"善用人之力"，激发出下属的主动性和积极性，使每个下属都能尽心竭力，从而取得最佳的领导效果。正所谓"功成、事遂，百姓皆谓我自然"。

【学堂总结】

做人要能将自己的位置放得很低，像水向低流一样，以平等的心态、平和的心境善待人和理解人，能够体谅和宽容。善下能够铸就人格的高大，成就事业的伟大，赢得众人的尊敬和信任。

不敢为天下先

【引子】

不敢为天下先，故能成器长。

——老子·第六十七章

不敢居于天下人的前面，才能成为人们的尊长。

【专访】

老子说，他掌握并保存着三件法宝，其中之一就是"不敢为天下先"，不敢走在天下人的前面。

"不敢为天下先"并非不为，而是为而不争，谦让处后。老子认为，柔弱能够战胜刚强，不敢为天下先，反而能够达到成为天下先的目的。

春秋时期，齐景公手下有三位勇士：公孙接、田开疆和古冶子。然而，这三位勇士都居功自傲，越来越飞扬跋扈，甚至连齐景公都不放在眼里。相国晏婴担心他们闹事，于是向齐景公建议除掉他们。齐景公为难地说："他们三人武艺高强，要除掉他们很难。"晏婴说他自有办法。

一天，晏婴叫人为三位勇士送去两个桃子，并告诉他们："主公赏赐与最勇敢的人，谁的功劳最大，谁就有资格吃一个。"

公孙接说："我曾陪主公外出打猎，制服过野猪与猛虎，我理当吃一个。"田开疆说："我曾为齐国南征北战，立下赫赫战功，也理应有我的一个。"古冶子见两只桃子已经被他们二人分了，十分气恼，愤愤不平地说："我曾救过主公的命，可如今却吃不上一个桃子，我怎能受如此差辱？"说完，拔剑自刎。

公孙接、田开疆大惊，羞愧万分说："我们的功劳不如你，却先给自己分了桃子，实在太贪婪了。今天我们不死，是无勇的表现。"说罢，二人也拔剑自刎。

晏婴用两个桃子轻而易举地除掉了三个勇士。

争强好胜之心容易挑起争端，卷起巨澜，招来祸端。这三位勇士如果懂得"不敢为天下先"的道理，哪里会不明不白地命丧黄泉呢？

越是争强越不可能强，真正的强者反而不争。

当攻破太平军的天京城以后，曾国藩兄弟的威望达到极盛。曾国藩不但头衔一大堆，而且还指挥着30多万人的湘军，节制着李鸿章麾下的淮军和左宗棠麾下的楚军，除直接统治两江的辖地，即江苏、安徽、江西三省外，还节制浙江、河南、湖北、福建，以至广东、广西、四川等省。湘军水师游弋于长江上下，掌握着整个长江水面。满清王朝的半壁江山已落入他的手中。

曾国藩还控制着赣、皖等省的厘金和几省的协饷。当时湘军将领已有十人位至督抚，凡是曾国藩所举荐的人，朝廷无不如奏除授。此时的曾国藩真可谓位贵三公，权倾朝野，一举手一投足都山摇地动。

清政府为控制曾国藩采取了两方面的措施：一方面迅速提拔和积极扶植曾国藩部下的湘军将领，使之与曾国藩地位相当，感情疏远，渐渐打破其从属关系；另一方面对曾国藩的部下将领和幕僚都实行拉拢和扶植政策，使他们渐渐与曾国藩分庭抗礼，甚至互相不和，以便于控制和利用。

在此情形下曾国藩采取了积极的应对策略。主动向朝廷请旨裁减湘军，以此来向皇帝和朝廷表示忠心。他还奏请停解广东、江西、湖南等省的部分厘金至金陵大营，减少自己的权利。曾国藩的主动请求，正合统治者心意，于是朝廷顺水推舟同意遣散大部分湘军。又由于这个问题是曾国藩主动提出来的，因此仍然委任他为握有实权的两江总督。而这，其实也正是曾国藩自己要达到的目的。

让权减职之举，的确在相当程度上解除了朝廷对他的猜忌，而曾国藩最终也可保住官位。曾国藩与清廷之间在政治上的这种交易与默契，当时朝野上下，没有几个人能够深刻地领会。

不张扬，并不是什么事情都退在后面，不是自己的利益被别人剥夺强占也不发任何声音，自己的人格被别人侮辱也不反抗，而是不要太招摇，不要有点小本事就拿出来显摆，不要有事没事就往领导跟前凑，然后做出一副领导面前红人的模样，什么事情自己心中都要有数，要清楚，自己有本事慢慢拿出来用，在别人最需要的时候拿出来用，乐于帮助别人，为别人服务。

为天下先，必然要显露才干，争胜好强，这样往往会给自己带来祸害。一旦突出和超越了，就要被铲平、被消灭。

人生在世会遇到各种各样的险境，骄傲自大可能是最可怕的一种。处境卑微自然不幸，但却没有太大的危险，趴在地上的人是不会被摔死的。最可怕的情境是身处险峰而高视阔步，只谓天风爽，不见峡谷深。这正是人们骄傲时的典型情境。人一骄傲起来，纵有天大的本领，也不会有好下场。

《三国演义》里关羽勇猛威武，温酒斩华雄，匹马斩颜良，偏师擒于禁，擂鼓三通斩蔡阳，百万军中取上将首级如探囊取物耳。清人毛宗岗称："历稽载籍，名将如云，而绝伦超群者，莫如云长。"毛宗岗说关羽是古往今来名将中第一奇人。然而，这位叱咤风云、威震三军的一世之雄，下场却很悲惨，居然被东吴大将吕蒙一个奇袭仓皇中兵败失地，被人割下脑袋。

罗贯中说关羽是"龙游沟壑遭虾戏，凤入牢笼被鸟欺。"其实，追根溯源，是骄傲自大导致了他的失败。当诸葛亮抬举马超时，他老大不满意，说马超算什么玩意儿，怎能与我老关并列。孙权向他攀亲家，他出口骂道："犬子怎配虎女。"骄傲的关羽，一是结怨，二是轻敌，这是致命的缺点，可惜他直到被俘杀头时仍不醒悟。

一般说来，骄傲的人或多或少都拥有某方面的特长，总觉得自己有值得骄傲的资本。然而，每个人都有优点与缺点，倘若各以所长相轻所短，那长处就可能变成短处，成为羁绊自己脚步的绳索。

一个人的能力再大，终究还是有限的，缺乏众人的支持与协助，任何英雄人物都将一事无成。有一回，拿破仑过阿尔卑斯山说"我比阿尔卑斯山还要高！"这是何等英伟。然而不要忘记，他后边跟着许多士兵。倘若没有这些士兵，他只有被山那面的敌人捉住或赶回。那么他的举动、言语也就都离开了英雄的界限，归于疯子一类了。

骄傲的危害是显而易见的。因此，小至个人，大至军队、国家，都千万骄傲不得。大凡在历史上有所作为的人，无一例外都是谦虚的。他们不以自己有所作为而忘乎所以，而是把自己摆在一个较低的位置，谦虚地请教他人，吸收他人的长处来弥补自己的不足。

真正有才华的人是值得骄傲的，但他们大都很谦虚。而那些看上去不可一世的人，却只懂得做表面文章，就内在而言，不过是徒有其表。

谦虚是一种美德。为了赢得谦虚的名声而"谦虚"，就是虚伪；为了讨好他人而谦虚，就是卑下。我们不需要卑下的谦虚，也不需要虚伪的谦虚，只需要真实的谦虚。

【学堂总结】

不敢为天下先，反而能够达到成为天下先的目的。越是争强越不可能强，反而真正的强者都是不争。做人要为而不争，谦让处后，这是一种进可攻、退可守的生活谋略。

守柔可以得长久

【引子】

> 人之生也柔弱，其死也坚强。草木之生也柔脆，其死也枯槁。故坚强者死之徒，柔弱者生之徒。是以兵强则灭，木强则折，强大居下，柔弱居上。
>
> ——老子·第七十六章

人活着的时候身体是柔软的，死亡后就变得僵硬了。草木生长的时候形质是柔脆的，死亡后就变得干枯了。所以坚强的东西属于死亡的一类；柔弱的东西属于生存的一类。因此，用兵逞强就会遭受败灭，树木强大就会遭受砍伐。凡是强大的，反而居于下位，凡是柔弱的，才欣欣向荣。

【专访】

老子通过对周围自然物象的冷静观察，提出了这个命题。人生时很柔软，死后僵尸硬邦邦；草木初生很柔弱，死后枯槁坚硬。坚强的东西属于死亡的一类，柔弱的属于生存的一类。军队强大了就会被消灭，树木强大了就会被摧折。坚强处于劣势，柔弱处于优势，天下最柔弱的东西，能摧毁天下最坚强的东西，最低下最柔弱的水，能攻克天下最坚强的东西。所以，道以柔弱发挥作用，柔弱胜刚强，柔弱之物富有弹性、韧性和生机，而坚强的东西已丧失了较多的生命力。

老子认为，任何强大的事物都要走向反面，一味追求强是违背道的精神的，是不合乎客观规律的。因此，是不会有好的结局的，即所谓"强梁不得其死"。因此，老子的意思是不要逞胜好强，尤其不要以强对强；而应守弱用柔，谦下不争，如此才能进退适度，游刃有余，克敌制胜。

老子还说："圣人之道，为而不争"；"天下柔弱，莫过于水，而攻坚强者莫知能胜，其无以易之"；"天下之至柔，驰骋天下之至坚"。正因为"柔弱"可无坚不摧，所以老子提出"守柔曰强"。

然而，"弱之胜强，柔之胜刚，天下莫不知，莫能行。"以弱胜强，以柔克刚的道理谁都明了，但在以强权、暴力为主导的社会中，真正去实践的人微乎其微。所以，老子告诫领导者要身体力行，"知其雄，守其雌"，才能众望所归，具有强大的生命力；"知其荣，守其辱"，才能奋发向上，成就事业。

一天，有一个人问苏格拉底："天有多高？"他回答说："只有三尺高。"这个人当时百思不得其解。后来，他回家后认真思索，明白了苏格拉底是在告诉他一个重要的哲理。这就是：人要低头，要谦和，要示弱。

要善于把自己置于一个弱者的位置上，这样就可以提高自身的忧患意识，同时也可以避开竞争对手的注意，以利于自己积聚力量，等待有利的时机，实现自己的战略目标。

但是在竞争激烈的今天，我们还要不要示弱呢？

大多时候，我们都习惯于在别人面前展示坚强美好的一面，自然地想掩饰自己脆弱不堪的一面，可是有研究社会心理学的专家指出，适当地在别人面前表现你比较脆弱的一面是一种坦诚与接纳的态度，会让别人产生想接近的感觉，心理距离可以很快拉近。

在自己明显占有优势的情况下，淡化自己的光芒，充分尊重别人。这种示弱并非真正的弱小，而是一种主动把握生活的自信和从容。

你是否有足够大的生存空间？如果没有，请先示弱。如果我们不能征服环境，那就先适应环境，再试图找出征服环境的方法。你是否已经准备充分？如果没有，请示弱。经历过就是经验，为有经验请多经历。你是否已经有必胜的把握？如果没有，请示弱。不要觉得丢脸，其实，你是为了成功而暂时示弱，并非永久示弱。

示弱是最高的智慧。有时是谦虚，有时是宽容，有时是忍让。向人示威，人人都会；向人示弱却只有少数人才做得到。示威者能得一时之利却往往难以取得最终的成功；示弱者一时忍让，不逞能，不占先，肯退让，却能最终获得长久的成功。

【学堂总结】

天下最柔弱的东西，能摧毁天下最坚强的东西。任何强大的事物都要走向反面，一味追求强是违背道的精神的，不合乎客观规律的，不会有好的结局的。守弱用柔能进退适度，游刃有余，克敌制胜，可以得长久。

生活中需要 "柔道" 功夫

【引子】

天下莫柔弱于水，而攻坚强者莫之能胜，以其无以易之。弱之胜强，柔之胜刚，天下莫不知，莫能行。

——老子·第七十八章

世间没有比水更柔弱的，但攻克坚强却没有东西能胜过它，水凭借流动无形的力量改变着它们。弱者能胜于强者，柔者能胜于刚者，这道理天下无人不知，却没有人实行罢了。

【专访】

古希腊有一则寓言：

北风与太阳各自为自己的本领高强争论起来。结果，它们约定能够让行人脱掉衣服的，就算胜利。首先北风上场，为了让行人脱衣服，它使劲地刮强风，可是行人却赶紧将衣服裹住。轮到太阳了，它首先以柔和的光线照射，行人于是脱外套。接着，太阳再照射，行人受不了啦，赶快脱掉衣服跳进河里面去了。

中国与希腊是相距遥远的国度，却有同样的以柔克刚的思想和方法。

尧帝的时候，大洪水不断侵袭中国，灾难期间长达 22 年之久。尧帝命令鲧从事治水工程，鲧费了 9 年的岁月，致力于解决洪水的问题，可是他采取的办法是筑堤的方法，结果失败了。而大禹治水则是用疏导的方法，替水筑道，以柔胜刚，取得了成功。

以柔胜刚，是智慧的人生活的理想境界。柔能克刚，是智慧的人生活的坚定信念。柔中含刚，刚中存柔，刚柔相济，不偏不倚，才是中国人生活的正宗。这一理想化的生活方式，太极图表现得最为形象。

太极图，在一个圆圈中有一个白色的阳鱼和一个黑色的阴鱼，阳鱼头抱阴鱼尾，阴鱼头抱阳鱼尾，互相纠结，圆融婉转，恰成一圆形，无始无终，无头无尾，无前无后，无高无下。最妙的是阴鱼当中有阳眼，阳鱼当中有阴眼，相互包容，相互蕴涵，相互激发，相互转化而又相互促生。我们曾经对这一生活方式进行过轰轰烈烈的批判，但当我们今天凝神谛视这个小小的太极图时，却不能不承认它包含了宇宙中的哲理，同时也是我们处理人与事的最高准则。

太极图，蕴涵的最高准则不论在历史中还是现实中，刚者居多，柔者居少，若能以柔为主，寓刚于柔，其表现方式往往就是"柔道"。"柔道"是治国治民的最佳方法。

中国历史上的许多以"柔道"治国的成功事例，早已证明"柔道"比"刚道"更加行之有效，其事半功倍、为利久远之特点，更是"刚道"所远为不及的。

读过《三国演义》的人，都熟知诸葛亮"七擒孟获"的故事。诸葛亮以"怀柔"的手段，以柔克刚，克敌制胜，降伏了强悍的南人，达到了安定蜀国边境的目的，排除了北伐曹魏的后顾之忧。

过刚则易折，易折则无以达到自强之目的。人不能只具备"骨架"，还要具备"血肉"，只有如此才能成为一个充满活力的人，才会具有光彩照人的生命旅程。"柔"，就是一个人的"血肉"，是最富生命力且使人挺立长久的东西。

柔并不是卑弱和不刚，而是一种魅力，一种成熟的标志。愿我们每一人都学会以柔克刚的生存之道，开心生活。

【学堂总结】

不论在历史中还是现实中，刚者居多，柔者居少，若能以柔为主，寓刚于柔，则是最佳方法。柔中含刚，刚中存柔，刚柔相济，不偏不倚，是中国人生活的正宗。

锻造一颗柔韧的心

【引子】

受国之垢，是谓社稷主；受国不祥，是为天下王。

——老子·第七十八章

要能承受起国家耻辱的人，才配做国家的君主；要能承担国家祸难的人，才配做天下人的领袖。

一个人承受痛苦的能力直接决定他的成败，你的承受能力越强，那么痛苦对你施加的力量也就越弱。身体柔弱的人，如果心灵平静柔韧，那就没有什么可以摧毁。成功需承担之重，承担得越大，作为也就越大。

从前，古希腊有个国王叫狄奥尼西奥斯，他统治着西西里最富庶的城市西拉库斯。他住在一座美丽的宫殿里，里面有无数价值连城的宝贝，一大群侍从恭候两旁，随时等候吩咐。

狄奥尼西奥斯有如此多的财富，如此大的权力，自然很多人都羡慕他的好运。达摩克利斯就是其中之一，他是狄奥尼西奥斯最好的朋友。达摩克利斯常对狄奥尼西奥斯说："你多幸运呀，你拥有人们想要的一切，你一定是世界上最幸福的人。"

有一天，狄奥尼西奥斯听厌了这样的话语，问达摩克利斯："你真的认为我比别人幸福吗？"

"当然是的，"达摩克利斯回答，"看你拥有的巨大财富，握有的巨大权力，你根本一点烦恼都没有。生活还有什么比这更美满的呢？"

"或许你愿意跟我换换位置。"狄奥尼西奥斯说。

"噢，我从没想过，"达摩克利斯说，"但是只要有一天让我拥有你的财富和幸福，我就别无他求了。"

"好吧，跟我换一天，你就知道了。"

就这样，达摩克利斯被领到王宫，所有的仆人都被引见到达摩克利斯跟前，听他使唤。他们给他穿上皇袍，戴上金制的王冠。他坐在宴会厅的桌边，桌上摆满了美味佳肴。鲜花，美酒，稀有的香水，动人的乐曲，应有尽有。他坐在松软的垫子上，感到自己成了世上最幸福的人。

"噢，这才是生活。"他对坐在桌子那边的狄奥尼西奥斯感叹道，"我从来没有这么尽兴过。"

他举起酒杯的时候，抬眼望了一下天花板，头上悬挂的是什么？尖端要触到自己的头了！

达摩克利斯身体僵住了，笑容从唇边消逝，脸色煞白，双手颤抖。他不想吃，不想喝，也不想听音乐了。他只想逃出王宫，越远越好，哪儿都行。原来，他头顶正悬着一把利剑，仅用一根马鬃系着，锋利的剑尖正对准他双眉之间。他想跳起来跑掉，可还是忍住了，怕突然一动会扯断细线，使剑掉落下来。他僵硬地坐在椅子上，一动不动。

"怎么啦？朋友？"狄奥尼西奥斯问："你好像没胃口了。"

"那把剑！剑！"达摩克利斯小声说，"你没看见吗？"

"当然看见了，"狄奥尼西奥斯说，"我天天都看见，它一直悬在我头上，说不定什么时候什么人或物就会斩断那根细线。或许哪个大臣垂涎我的权力欲杀死我，或许有人散布谣言让百姓反对我，或许邻国的国王会派兵以夺取王位。如果你想做统治者，你就必须冒各种风险，风险与权力同在，这你知道。"

"是的，我知道了。"达摩克利斯说："我现在明白我错了。除了财富、荣誉外，你还有很多忧虑。请回到你的宝座上去吧，让我回到我自己的家。"

达摩克利斯再也不想与国王换位了，哪怕是短暂的一刻。

这是一个极为古老的故事，它很好的提醒了我们：如果我们渴望享受成功，就必须愿意承担随之而来的压力和责任。从责任上讲，任何一项事业的背后，必然存在着一种无形的精神力量，这种力量使得我们敢于承担责任。

成功是从承担开始的。重要的是，必须要承担的第一个人是自己。当一个人体悟到开始对自己负责了，开始把自己一生当中有关自己的一切承担下来的时候，就是他开始让自己得以改善的时候。这时，他才能有机会让一切变得更好。

老子说：要能承受起国家耻辱的人，才配做国家的君主；要能承担国家祸难的人，才配做天下的领袖。也让人想起了孟子的一句名言："天将降大任于斯人也，必先苦其心志，劳其筋骨，饿其体肤，空乏其身，行拂乱其所为，所以动心忍性，曾益其所不能。"成功不是一帆风顺的，大多数人都需要历经太多的挫折和磨难，最后才能以一种异于常人的"姿势"站立在社会舞台中央。

人生越磨砺越光芒。我们所能承受的一切都是对自己的一种积累和磨砺。任何一把宝剑都需要千锤百炼，才能削铁如泥，如果人生中的一些磨难我们无法承受，我们也许就永远是一把劣剑。我们要常常反问自己：我能成功多少？我又能承受多少？

【学堂总结】

成就大事业的人，必须承受常人所不能承受的一切。人生是一种承受，需要学会支撑。有一颗柔韧的心，才能成为一个强大的人。心灵平静柔韧，就没有什么可以摧毁你了。

课节三　自知者明：
　　　　顺逆从容的人生选择

　　知人者智，自知者明；胜人者有力，自胜者强。知人者，知于外；自知者，明于道。一个人做到知己知彼，就是明智，这是做人的大智慧。明，是对世界本质的认识，具有无限性和客观全面性。欲求真知灼见，必返求于道。只有自知之人，才是真正的觉悟者。

言行举止见修行

【引子】

善行，无辙迹；善言，无瑕谪。

——老子·第二十七章

善于行走就不会留下痕迹；善于讲话就不会留下过错。

【专访】

善于行走的人是不会留下痕迹的，善于讲话的人，你找不到他的破绽。这是说一个人的修养达到一定程度做事就很完美。修养支配言行，一个人应该努力提高自身的修养。

当你的修养很深时，就是至善的人了，你心里没有虚伪的做作。你做事的时候，你说话的时候，纯粹是自然本性的流露，也就没有缺点让人责备。

常言道：真人不露相。这句话可以用来解释"善行，无辙痕"。真人在外表上是很难看出来的。真人不论自己有多高，他的心始终那么平和普通，从来不卖弄自己，这就是真人的修养。

20 世纪初，有一次伦敦举行中国名画展，组委会派人去南京和上海监督选取博物院的名画，蔡元培先生与林语堂先生都参与了此事。法国汉学家伯希和自认是中国通，在巡行观览时滔滔不绝，不能自己。为了表示自己是内行，伯希和向蔡元培说："这张宋画绢色不错"，

"那张徽宗鹅无疑是真品"，以及墨色、印章如何等。

林语堂注意观察蔡元培的表情，他并不表示赞同或反对，只是客气地低声说："是的，是的。"一脸平淡冷静的样子。后来伯希和若有所悟，闭口不言，面有惧色。大概从蔡元培的表情和举止上，他担心自己说错了什么，出了丑自己还不知道呢！

含蓄是一种修养，代表了一个人的文化程度、文化素质，是一个人内在气质的表现。一个人即使已经智慧圆融，更应含蓄谦虚，像稻穗一样，米粒愈饱满垂得愈低。我们应该学会谦虚、低调、含蓄，这更会赢得人们的钦佩和敬重。

人生最重要的事情是管住自己的嘴巴，《水浒传》里有林冲与洪教头比武的故事。林冲躬身施礼，但是洪教头却摆出一付唯我独尊的面孔，对林冲的施礼并不理睬。比武时"洪教头见他退让，以为他真的不会枪棒，便越发要跟他交手"。他哪里知道林冲这叫真人不露相。人家是含蓄，是藏而不露，他却以为人家没本事。不知道天外有天，人外有人，而自己高傲自大又自不量力。

一个人的修养，还可以从他的言语上体现出来。善于言语的人，必定是谨言慎语，不会造成任何的瑕疵与错误。我们在说话时，一定要谨慎，一句失言可以让人反目成仇。

人生最重要的一件事就是管住自己的嘴巴。一是管住自己的吃喝；再一个是管住自己别乱说话。说话前你是话的主人，说话后你是话的仆人。话未出口由你控制，话已出口不由你控制。话不在多，少说为佳。有时无声胜有声，多说话不如少说话。

人常常犯一个毛病，说了许多，但不知道自己要说什么。或者话一到，就从嘴巴出来，让所有的话语都消失在大气层里。有的话说了制造自己的烦恼，有的话说了让别人烦恼。

中国有很多俗语，比如"沉默是金""少说为佳""乌龟有肉在肚里""半罐水响叮当"等，这些俗语中潜藏着十分高深的生活哲学。"沉默是金"强调了不说话的重要性，说明不说话的人招人喜欢。"少说为佳"强调了少说话对自己的好处，起码不至于招惹麻烦。"乌龟有肉在肚里"是对不爱说话的人的学识和本事的肯定，喜欢说话的人则被当成了只会说不会做的没有涵养的人。"半罐水响叮当"更是对那些爱说话的人的严厉批判，你若多嘴，就多半是个本事不大的人了。

中国还有一些俗语则对那些多嘴者进行了告诫，比如"言多必失"。这是实在话，一个不说话的人恐怕不会在说话中惹麻烦上身，也不容易暴露自己的不足。而那些喜欢说话的人，既容易得罪人，惹祸上身，又容易引起别人注意而暴露自己的缺点。

俗话说"祸从口出"。过多的言辞必然会在不经意间触及到某些人的痛处，而对自己带来意料不到的麻烦。三国时期的杨修，可谓是一个典型的例子。用"才高八斗、学富五车"这个词来形容杨修的才学是绝不为过的。但恃才傲物的结局是讲出了曹操心中的秘密而死于非命。杨修的"祸"根便在其口。面对他的遭遇，我们是一种什么样的心情呢？杨修所表现的究竟是一种智慧还是一种顽痴呢？

所以，老子告诉我们，善于行走就不会留下痕迹；善于讲话就不会留下过错。言行举止反映一个人的修养和素质，很多时候，一些细节和小事上的表现往往决定了一个人的成败。平时我们要在言行方面完善提升自己，让良好的修养伴随自己一生，从而拥有美好的人生。

【学堂总结】

当你的修养很深时，就是至善的人了，你心里没有虚伪的做作，你做事的时候，你说话的时候，纯粹是自然本性的流露，也就没有缺点让人责备。

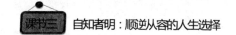

自知者明，　自胜者强

> 知人者智，自知者明；胜人者有力，自胜者强。
>
> ——老子·第三十三章

善于了解别人是明智，善于了解自己才最聪明。战胜别人是有力量，战胜自我的才是真正的强者。

老子在此把"知人"和"自知"、"胜人"与"自胜"对比，明确表示后者比前者更难。在老子的眼里，智，就是自我之智。明，就是心灵之明。"知人者"，知于外；"自知者"，明于道。智者，知人不知己，知外不知内；明者，知己知人，内外皆明。智是显意识，形成于后天，来源于外部世界，是对表面现象的理解和认识，具有局限性和主观片面性；明，是对世界本质的认识，具有无限性和客观全面性。欲求真知灼见，必返求于道。只有自知之人，才是真正的觉悟者。

人类的通病是喜欢自以为是，几乎没有人不认为自己具有了解他人的能力。一个人善于了解别人，就是知彼，那就是明智。因此老子把知人作为极大的智慧。

光了解别人还是不够的，还得了解自己。有一句话叫"人贵有自知之明"，老子对这个问题看得很清楚。"自知者明"就是说能清醒地认识自己、对待自己，这才是最聪明的，最难能可贵的。按照我们的普通想法，不能真正了解别人，总应该能够自己认识自己吧？其实却大不然。

知人者智，自知者明。老子认为：有的人自以为清醒，好像什么都知晓，什么都明了，其实却很愚昧。

有些人只知道了解别人，把持别人，管理和领导别人，却不能更好地了解自己，把持自己。只有了解自己，才能控制自己和管理自己的行为，获得一种自己能够认可的成功。只有自己知道自己的优缺点，才能发挥优点，克服缺点。

古时候，在一个叫南岐的山谷中，那里的居民很少与山外的人交往。南岐的水很甜，但是缺碘，常年饮用这种水就会得大脖子病。南岐的居民，没有一个脖子不大的。

有一天，从山外来了一个人，居民们扶老携幼都来围观。他们看着看着，就对外地人的脖子议论起来了，言语里充满了嘲讽：

"嘿，你看那个人的脖子！"

"可不是，真怪呀。他的脖子怎么那么细那么长，真是难看死了！"

"多细的脖子啊，走到大街上该多丢人！怎么也不用块围巾裹起来呢？"

"他的脖子干干巴巴的，准是得了什么病！"

外地人听了众人的话，就笑着说："你们的脖子才有病呢！叫大脖子病。你们自己有病不说，反而来讥笑我的脖子，岂不是太可笑了！"

南岐人说："我们全村人都是这样的脖子，这样肥肥胖胖的，多好看啊！你掏钱请我们去治，我们都不愿意呢！"

在现实生活中，也有不少人如同南岐人一样，总是喜欢孤芳自赏，自以为是。一般来说，这主要可以分为两种类型：

第一种是自命清高，我行我素。

这种类型的人觉得别人的行为习惯都是庸俗浅薄、低级无聊的，不值得与其接近，有点傲视一切的味道。即使有时想"迁就一下"，"屈驾俯就"他人，也显得极为不自然，别人也不愿意接受这种俯就，因此他就变得更独来独往了。

另一种是跌倒在自己的优势上。

许多时候，我们不是跌倒在自己的缺陷上，而是跌倒在自己的优势上，因为缺陷常常给我们以提醒，而优势却使我们忘乎所以。

做人难不仅难在要能认清别人，更难在能清楚自己。怎样才能做到既不盲目骄傲又不妄自菲薄呢？这就需要我们进行广泛的社会交往，人也和其他任何事物一样，是在相互的比较中获得对自己的正确认识的。

讲道理容易，实行起来困难。清楚地认识自己，确实不是一件容易的事情。知人者不一定知己，所以要学会读懂自己，把自己的一生看做是一本书，我们去读，读懂了自己也就了解了生命。

所以说，自认为聪明的人，往往很愚蠢；自认为不太精明的人，其实是十足的精明。但也只有进到这一境界，才能明白人生是怎么一回事。

【学堂总结】

知人者智，自知者明；胜人者有力，自胜者强。知人者，知于外；自知者，明于道。一个人做到知己知彼，就是明智，这是做人的大智慧。

没有贪欲就不会迷失

【引子】

不欲以静，天地将自正。

——老子·第三十七章

无贪欲则入静，入静则天下自然安定。

【专访】

老子认为，一个人无论贵贱高低，都应该认清自己，不要为了自己达不到的境界，徒增烦恼。应该在现实中"无贪"，从而"入静"。专注下来，一心一意地去做事，这样，你就会变得快乐而又有成效，也不会被那么多的目标所淹没。

"入静"，就不会再有什么负担和压力，你是清醒的。清醒的你，是在你自己的轨道上运行，就不会受到外界的摆布。

现代人之所以活得很累，心里很容易产生挫折感和种种焦虑，是因为迷失和淹没在各种目标中了。现代人常把自己的思绪搞得一团乱，却很少有人进行必要的自我调节。在这种混乱的生活状态中，人的内心渐渐的失去了平衡，变得没有条理，生活的目的也跟着盲目起来。他们不知道自己所为何来，也不知道自己终将怎样。他们的想法很多，却不知从何着手。他们的思维混乱，长久下去便会产生心理疾病，从而又影响到了健康。人如果总是这样，就没有幸福可言，并会失去最主要的东西，或丢掉眼前的一些机会，变成"为明天而明天"的生活痛苦者。

有两个学生拜奕秋为师学习下棋。其中一个学生每次听课都全神贯注，一心一意地听奕秋讲解棋道；而另一个学生虽然很聪明，但上课时总是心不在焉，而且他今天想学下棋，明天又想学画画，不时有新想法冒出来。

一次上课时，有一群天鹅从他们头上飞过，那个专心的学生连头都没有抬一下，浑然不觉。而心不在焉的学生虽然看着也像是在那里听，但心里却想着拿了箭去射天鹅，而且想着有一天要做一名出色的弓箭手。

若干年后，那位专心致志的学生成了一名出色的棋手，而另一位呢，却一事无成。

人没有贪欲就不会迷失。一般情况下，人对生活的迷失都是所要或所想的太多，而又一时达不到目标造成的。这种想法使很多人不能将精力专注于一项事业。他们总是目标多多，反而错过许多近在眼前的景色，丢掉了一些可以马上把握的机会。

老子主张不能贪图达到别人所达到的目标，而要安于自己所应达到的目标。这对我们的爱情婚恋也有重要的启发意义。爱情不是赶集，可以走一路挑一路，不行还可以回过头来买。爱情不是，婚姻也不是，遇到一个好的，却想还有更好的在后边，结果，回过头来看，那个自己最心仪的已经远去了。

有一天，柏拉图问他的老师什么是爱情，他的老师就叫他先到麦田里，摘一棵全麦田里最大最金黄的麦穗。其间只能摘一次，并且只可以向前走，不能回头。柏拉图于是照着老师的话做。结果，他两手空空地走出麦田。

老师问他为什么摘不到，他说："因为只能摘一次，又不能走回头路，其间即使见到一棵又大又金黄的，也总会猜想前面可能有更好的，所以没有摘。走到前面时，又发觉总不及之前见到的好，原来麦田里最大最金黄的麦穗，早就错过了。于是，我便什么也摘不到。"

老师说："这就是爱情。"

又有一天，柏拉图问他的老师什么是婚姻，他的老师就叫他先到树林里，砍下一棵全树林最大最茂盛、最适合放在家作圣诞树的树。其间同样只能砍一次，以及同样只可以向前走，不能回头。柏拉图于是照着老师说的话做。这次，他带了一棵普普通通，不是很茂盛，亦不算太差的树回来。

老师问他，怎么带这棵普普通通的树回来，他说："有了上一次经验，当我走到大半路程还两手空空时，看到这棵树也不太差，便砍下来，免得错过了，最后又什么也带不回来。"

老师说："这就是婚姻。"

如果一个人因得到而激起他对更大利益的占有欲，他就会在贪欲中迷失本真。无贪欲，人类迷失的灵魂就可以少很多。过分的贪欲必然会有大的耗费，过分的敛聚必然会有过多的丧失。切记，我们不要让自己迷失在无尽的贪欲中。

【学堂总结】

人之所以活得很累，心里很容易产生挫折感和种种焦虑，是因为在贪欲中迷失了本真。无贪欲则入静，入静则天下自然安定。无贪欲，人类迷失的灵魂就会少很多。

许诺做事要考虑充分

【引子】

> 夫轻诺必寡信，多易必多难。
>
> ——老子·第六十三章

轻易允诺的人往往没有信用，把事情看得太容易一定会遇到很多困难。

【专访】

一个人在自己毫无把握的前提下对他人之求轻易许诺，必定很少坚守信用。事先把所有问题都看得很容易，在实际运作时必然会遇到许多意想不到的困难。当你遇到困难时才发现并不像当初想象的那么容易，于是你无力践诺，这是造成"寡信"的原因。

因果是互相影响的，一旦失信于人，就很难再得到众人的帮助，得不到众人的帮助，困难就越积越多。所以，"多难"者必是自己"寡信"的结果。

周公以桐叶封弟，尾生以守信而淹死，季布一诺千金，这些已成为千古美谈。示信于人，所以能得人；示信于国，所以能得国；示信于天下，所以能得天下。所以老子重视戒除"轻诺"，孔子重视"纳言"。

信用说起来容易，做到则难。小信守于言，大信守于心，君子守言，圣人守心。那些随随便便向人开"空头支票"而事到临头又不能兑现的人，无论在哪一方面都做不出成绩来。言而无信，害人害己。

马来西亚文人朵拉，写过一篇文章，题目叫《答应不是做》。作者在总结人们的应酬交际活动时，提出了一个值得人们深思和重视的现象，文章写道：

许多时候，我们要求别人办事，他们的反应是："好的，好的。"

然而过不多久，便发现自己的心放得太早了。当人们点着头说"好的，好的"时，他只是在口头上说好，至于是否真的去实行，如果十个里有一个，就是你的运气不坏了。承诺时态度看起来非常诚恳，日子一过，把说过的话当成风中的黄叶，霎时便无影无踪。

自以为纯纯的我，其实是蠢蠢的我。在这个大家都忙忙碌碌的年代，居然妄想朋友听见你的要求，就抛下自己手头的事务不去处理而特别为不在他眼前的你去奔波。时常，用自己的心去度朋友之腹，结果得到的是自己的误解，也用不着去埋怨被谁欺骗，欺骗自己的其实正是自己。大家都说："答应并不表示做到。"大家可以答应你任何事，但是没有一次替你做。就连我自己，在社会上混了几十年，也已经学会了这种滑头的应对策略，已经世故圆滑得让 10 年前的自己无法相认。

然而，终于有一天，我认识到自己是陷入了做人的泥淖之中。那是一个很少见面，很少交往，也从没说过什么知心话语的朋友，他在 4 个月前说过要帮忙，而他居然真的去做了！

这件事让我汗颜，使我惭愧。原来的想法做法是要不得的作风，像政客们的做法。政客们在选举前不断许下各种不管能不能实现的诺言，待到一旦当选时，做法却是另外一套。做朋友不要做得像个政客。

从朵拉的文章中，我们似乎能感受到一种同样的指责。反省自身，我们无法不对自己对号入座。难道日常的生活中，对朋友，对同事，对父母妻女，这种"好的，好的"答应，过后就全然没有这回事了的次数还少吗？我们哪一次的承诺不像天上的云，折射着太阳的光芒，而当一阵风吹过，便飘逝得踪影皆无了？朋友一次次失望，为了面子，他们不曾指责过我们，也许他们习以为常了。我们也有过脸红的时刻，那是天真不可欺的孩子一次次地责问我们："今天答应带我去公园，明天答应带我去书店，怎么老说话不算数？"

有的人认为说过的话无须全部兑现。有些话只是说说而已，谁让你那么认真呢？但是，要知道，一个追求成功的人一定要说到哪里，做到哪里，只有这样，你才能有信誉，你在朋友中才能有威信。如果一个人老是世故圆滑，对任何人，任何事情都采取敷衍的态度，那么谁还愿意同这样的人打交道呢？

信守承诺，兑现承诺是人的美德。一个人信用越好，在工作和生活上就愈能成功地打开局面，做好工作。所以你必须重视你自己说过的每一句话。生活总是照顾那些说话算数的人，食言则是最不好的习惯。

【学堂总结】

轻易允诺的人往往没有信用，把事情看得太容易一定会遇到很多困难。小信守于言，大信守于心，君子守言，圣人守心。许诺和做事一定要考虑充分，才能做得圆满。

行成于思，行胜于言

【引子】

合抱之木，生于毫末；九层之台，起于垒土；千里之行，始于足下。

——老子·第六十四章

合抱的大树，生于细小的萌芽；九层的高台，产生于每一捧泥土；千里远行，是从脚下的第一步走出来的。

智慧的老子用这几句话对质量互变作了形象化表述，尤其强调了积累量的重要性。量变是质变的前提，质变是量变的结果。这句话勉励人们干什么都要循序渐进，持之以恒，要把远大理想和实干精神结合起来，既要志存高远，又要脚踏实地，艰苦努力。只有量的积累突破度时，才能出现质的飞跃，才能升级递进。

荀子说："道虽迩，不行不至；事虽小，不为不成。"也就是说，坐而论"道"，不如起而行。"目标"这个"道"必不可少，但不能为了"道"而去论"道"，关键是行动。

有了想法，就赶快行动。不要等到一切条件都具备了才动手，到那个时候，可能为时已晚了。成功者和失败者的差别就在于，成功者愿意采取有目标的行动，不会只是空想。

人生的种种遗憾，常常是缺乏行动造成的。若不把握时机，即时行动，就无法拥有更多的机会和成功。

有个中年男子，20年前，他进入了银行工作，因薪水不错，所以很满意。但工作两三年后，因为银行工作缺乏弹性，他有了换工作岗位的念头。偏巧这时，他结婚了，开始有生活压力。于是便想："换工作后，未必能拿这么好的薪水，还是忍一忍吧，过几年再走也不迟！"

过了两年后，他有了孩子，家庭花销更大了。他又告诉自己："再熬几年吧，等孩子长大了，我再离开。"

10年后，孩子是长大了，但供孩子上学的压力也越来越大。这时，他只好宽慰自己："没关系，生活就是这样，等我退休了，一切都会好转的。""为了这个家，我所有的梦想都快摧毁了。退休后，我至少不为工作烦心了，到那时，可以陪太太到处走走……"

退休之前的一天，他去逛商场，看到一套喜欢的西装，想买下它。但一看价钱，大吃一惊，居然要 1600 元。心想："算了吧，反正家里还有西装，退休后何必穿得那么好呢？"于是，他继续逛街，又看到一件喜欢的纯羊毛背心，但售价是 4300 元。他随即转变念头："冬天马上就要过去了，何必再浪费呢？"

有人说，天下最悲哀的一句话就是：我早就想到了，可惜我没做。比如："如果我几年前就开始那笔生意，早就发财了！""如果我早一点向她求婚，她就不会变成别人的新娘。"有机会迟迟不见行动，时过境迁再来后悔，正是小人物的通病。

近百年来，清华大学可谓人才辈出，硕果累累。"清华精神"的核心是"务实"，清华人奉行的准则就是"行成于思，行胜于言"。当我们在评估自己的愿望时，务必要懂得活在当下，去做现在就能做的事。如果你只是个胸怀大志却无法立即行动的人，那么，你的理想充其量只是海市蜃楼。

任何希望，任何计划最终必然要落实到行动上。只有行动才能缩短自己与目标之间的距离，只有行动才能把理想变为现实。做好每件事，既要心动，更要行动。只会感动羡慕，不去流汗行动，成功就是一句空话。

【学堂总结】

有了想法，就赶快行动。成功者和失败者的差别就在于，成功者愿意采取有目标的行动，不会只是空想。人生的种种遗憾，常常是缺乏行动造成的。

行事要有主见

【引子】

吾言甚易知，甚易行。天下莫能知，莫能行。言有宗，事有君。夫唯无知，是以不我知。知我者稀，则我者贵。

——老子·第七十章

我的话很容易理解，很容易施行。但是，天下人却没有人能够理解，没有人愿意实行。言论要有主旨，行事要有主见。正由于人们所知太少，所以不了解我。了解我的人少，仿效我的人贵。

【专访】

老子认为，一个人，只有对别人的评价和各种流言蜚语都无动于衷的时候，才算修炼到家了，这样的人才能真正地享受生活，从生活中得到更多的快乐。

而现实中，我们却常常因别人的评论左右自己，因别人的闲言碎语自己苦恼。按老子的观点来说，这大可不必。老子说："正由于人们所知太少，所以不了解我。了解我的人少，仿效我的人贵。"每个人都有自己的生活方式，我们不必为没有得到理解而遗憾叹惜。

高明的人不会把自己的感情生活过多地与人交流，也不会太在意别人的生活。一般都是跟自己要好的朋友倾诉心声。如果听到某人的闲言碎语，不会到处去讲，也无须诚惶诚恐。

人的生活其实就是一种心情，一种感受。心情好了，生活一定美满、成功。如果整天要按别人的意志去生活，要看人家的喜恶行事，成了别人的精神奴隶，还能有什么好心情，生活更没有什么幸福可言。

记得日本哲学家西田几多郎有一首诗："人是人，我是我，然而我有我要走的道路。"是啊，我们有我们自己的生活目标和生活方式，如果我们自己不能选择自己喜爱的生活方式，走自己想走的路，而是处处要看别人的脸色行事，这无疑是在为别人而活，这样的活法又有什么意义呢？凡事总想讨别人的欢心，实际上是一种心理乞丐。

不要迎合别人，不要失去自己改变这种状况的条件，不仅包括了头脑聪明，亦须具有"不在乎别人"的那种定力。这种定力，并非人人都能够做得到。

白云守端禅师有一次和他的师父杨岐方会禅师对坐，杨岐问："听说你从前的师父茶陵郁和尚大悟时说了一首偈，你还记得吗？"

"记得，记得。"白云答道："那首偈是：'我有明珠一颗，久被尘劳关锁，一朝尘尽光生，照破山河星朵。'"语气中免不了有几分得意。

杨岐一听，大笑数声，一言不发地走了。白云怔在那里，不知道师父为什么笑，心里很愁烦，整天都在思索师父的笑，怎么也找不出原因。那天晚上，他辗转反侧，怎么也睡不着，第二天实在忍不住了，大清早去问师父为什么笑。杨岐禅师笑得更开心了，对着因失眠而眼眶发黑的弟子说："原来你还比不上一个小丑，小丑不怕人笑，你却怕人笑。"

白云听了，豁然开朗。是啊，只要自己没有错误，笑又何妨呢？

人最要紧的不是争取别人怎么看你，而是考虑自己的路怎样才能走得更好。也许你还有这样的感受，做人做事，哪怕是穿一件新衣服，说一句什么话，都会不自觉地考虑到别人会怎样看，会不会不高兴，总想办法，尽量按照别人的期望去做，担心顺了姑心又失了嫂意，怕别人失望，被别人笑话，甚至责骂。如果偶尔未能尽如人意，或听到背后有人非议自己，就耿耿于怀而不可终日。

如果你曾注意过别人的批评是多么的随意，你便不会太在意。说过的话，他人早忘了，最在意的只有自己，所以何必强加烦恼在自己身上，你就把它当做是一个过客不是乐得轻松吗？

其实，一个人将生活的焦点和生命的重心放在看别人的眼光、脸色和喜恶上，千方百计去克忍自己，迎合别人，是非常愚蠢的，且不说千人千性，众口难调，你不可能满足所有人的要求，即使能，也只能扭曲自己，最终失去自己，失去自己的生活乐趣和生命价值。

说实在的，无端被人责难、被人误解、被人诬陷，有时比遭到明火执仗的刀砍斧剁还要难受，特别是当内心的委屈、愤懑、悲伤无人诉说，有口难辩时，更是苦不堪言。有的人就是这样因为"人言可畏"像阮玲玉一样走上了自我毁灭，一了百了的不归之路。

话又说回来："坐下来说人，站起来被人说。"评价人和被人评价都是一种正常的生活现象，哪个背后没人说，哪个人后不说人？"谣言止于智者。"不管别人怎么看你，如何说你，你大可不必太在意、太认真，更不要去理睬，舌头长在别人嘴里，说什么是他们的自由，该怎样做是你的权利。即使让他们骂个口水连天又能奈何得了你什么？

所以，人最要紧的不是在意别人怎么看你，而是要考虑自己的路该怎么走，怎么才能走得更好。千万不要按别人的思维来对待自己，对待社会。什么鸣冤叫屈、怨天尤人，仇视社会等做法，只能上了别人的当，中了别人的圈套。那些存心搬弄是非的人，其目的就是要让你没有好日子过。

【学堂总结】

人最要紧的不是在意别人怎么看你，而是要考虑自己的路该怎么走，怎么才能走得更好。如果处处要看别人的脸色行事，这无疑是在为别人而活，这样的活法又有什么意义呢？

不要以为自己很了不起

【引子】

知不知，上；不知知，病。

——老子·第七十一章

知道自己有所不知，最好。不知道却自以为知道，这是缺点。

【专访】

有人说，站在山顶和站在山脚的人看对方同样渺小。"会当凌绝顶，一览众山小。""山外有山，天外有天。"这样的意境恐怕不是身在山脚下的人们所能体会到的吧！

许多时候，我们会不自觉的感到自己的强大，这种信心是不可或缺的。但不可发展为自负，否则就成了狂妄。正如空中的星星，对于尘埃来说它大如宇宙，但对于宇宙来说它小如芥豆。因此，认清自己很重要。

每天，当太阳升起来的时候，非洲大草原上的动物们就开始奔跑了。狮子妈妈在教育自己的孩子："孩子，你必须跑得快一点，再快一点，你要是跑不过最慢的羚羊，你就会被活活地饿死。"在另外一个场地上，羚羊妈妈也在教育自己的孩子："孩子，你必须跑得快一点，再快一点，如果你不能比跑得最快的狮子还要快，那你就肯定会被他们吃掉。"

羚羊妈妈为什么老是教导自己的孩子要跑得快些，因为它知道，虽然自己跑得已经很快了，但还有一种叫狮子的动物跑得更快。

还有这样一个故事：

有一次，阳子居去徐州，在路上恰巧碰到老子。郊外相逢，阳子居自以为有学问，态度傲慢，老子便为阳子居深感惋惜，当面批评他说："以前我还认为你是个可以成大器的人，现在看来不可教诲啦。"

听了老子的话，阳子居心里很不舒服，后悔自己为什么当时那样。

阳子居回到旅店，思前想后，觉得自己应当做得自然一些，起码要敬重长者，敬重有道德学问的老子。

于是，阳子居便主动给老子拿梳洗的工具，脱下鞋子放在门外，然后膝行到老子面前，谦虚地说："学生刚才想请教老师，老师要行路没有空闲，因此不便说话。现在老师有空了，请您指教我的过失。"

老子说："想想看，你态度那么傲慢，表情那样庄严，一举一动又如此矜持造作，眼睛里什么都没有，这样，将来谁和你相处呢？作为人，没有他人围绕着你，行吗？应该懂得：最洁白的东西好像总有些污秽的感觉，德行最高尚的人总认为自己远不十全十美。知道自己不行，你才知道自己真正行的地方。实际上，你哪个地方都不明白。"

阳子居先是吃惊，渐渐地脸上浮现惭愧的神色，谦虚地说："老师的教导使我明白了做人的真正道理。"

以前阳子居去徐州的路上，旅舍客人恭敬地迎送他。他住店时，男老板为他摆座位，女老板为他送手巾，大家也给他让座。虽然恭敬，彼此都不舒服。接受老子教诲后，阳子居态度随和，为人谦逊。归途住店，客人都随意地和他交谈，他也感到和大家相处得很亲切。

你可能以为自己很是成功，颇为了不起。但走出去一看，才发现外面的世界更大，外面的天空更加高远，周围的人群中更有奇人高手。面对这些高人与强手，有些人不知如何应对。怎么办呢？

其实，老子早已为我们指出了方向："知不知，上；不知知，病。"所以，不要把自己看得十分了不起，对人要谦虚。

【学堂总结】

许多时候，我们会不自觉地感到自己的强大，这种信心是不可或缺的。但如过度发展为自负，就成了狂妄。认清自己很重要，不要把自己看得十分了不起，对人要谦虚。

要大智慧不要小聪明

【引子】

是以圣人自知不自见，自爱不自贵。

——老子·第七十二章

因此，有道的圣人有自知之明，而且也不显扬自己，能自爱而不自显高贵。

【专访】

要大智慧，戒小聪明一个人有自知之明又不会处处突出自己，爱惜自己而不抬高自己，是一种大智慧。反之，没有自知之明又喜欢处处显耀自己，是一个有点小聪明的人。

我们接受的教育缺乏大智慧，遍布小聪明。所以，生活中有小聪明的人有很多，具有大智慧的人却很少。在这个世界上，成就一个人的往往是大智慧，毁灭一个人的常常是小聪明。

小聪明者是以自我为中心看问题，他们表现得聪明伶俐，会说话会办事，伶牙俐齿，机灵敏捷，善于伪装，有种随风而动的轻巧，有种趋炎附势的灵动，有种你能千变万化，我能随机应变的聪慧。小聪明是近观，小聪明是装饰，这种聪明是表面上的，是很容易被别人觉察到的。

何为大智慧？大智慧者以环境为中心看问题，他们表现得山水不露，稳重大方，拙中藏巧、大智若愚，运筹帷幄，高屋建瓴，有种水滴石穿的坚韧，有种任你有千变万化，我早已将你看穿的沉稳。大智慧就像一部哲学著作，初读时不一定得到人们的喜欢，可是你要是能读下去的话，你会变得深厚，也会终生受益。

如果我们具体分析大智慧和小聪明，主要应有下列的不同：

（1）凡大智慧者必懂低调为人，而小聪明者只会显摆炫耀。有小聪明的人看到比自己聪明的人心里会有一种紧张感，遇见不如自己聪明的人会表现得不屑一顾，遇见大聪明的人就只有望洋兴叹了；有大智慧的人看到比自己聪明的人心里会有一种钦佩感。

（2）凡大智慧者必包容，而小聪明人多计较。小聪明的人自以为对人性有一定了解，因此他们从内心认同的人不是很多。有大智慧的人对人性一定很了解，因此他们能够十分包容地看待一切，他们将宇宙装在自己的胸膛里面。

（3）凡大智慧者必理性，而小聪明人多感性。小聪明对于每一个人来说，只是多和少的问题；而大智慧对于每一个人，则是有和无的问题。

（4）凡大智慧者必高瞻远瞩，而小聪明人只考虑眼前利益。大智慧所统辖的是超越感知的宏观，所谓的大象无形。因而当这个智慧刚刚出现的时候，绝大多数人只感觉到这个智慧的平淡无奇，直到智慧灵光显现的一刻才能引起人们的惊叹。小聪明在细而不在全，在某一方面有过人之智，可其他方面却不行，所以小聪明时而会翻船。

（5）凡大智慧者必眼光长远，而小聪明人多走一步算一步。真正聪明的人会未雨绸缪，为未来做好规划，并认真地执行，一步步走向成功，成为时代的弄潮儿。而小聪明则是浅尝辄止，应付小场面还可以，遇到大事就要手忙脚乱了。

（6）凡大智慧者必有大局观，而小聪明人只考虑小范围。小聪明的人由于过于注重细节，所以常常不满足，会怨天尤人，并且苦恼特别多。大智慧的人由于注重大局，所以只要大局还行，他们就感到满意，所以他们过得更幸福。更何况大智慧往往与大能力结合在一起，他们能实现大发展，从而带来更大的幸福。

（7）凡大智慧者必懂春播种秋收粮，而小聪明人只会即种即收。大智慧者，高屋建瓴，审时度势，纵横披靡，无往不利。小聪明者，见树木而忘森林，眼中有石块而无叠峦群山。唧唧于一隅之得而失天下，沾沾于蝇头小利而忘全局。终究不过是捡得芝麻来，丢了西瓜去。或许遇小河水而过，遇波涛之川，唯望洋兴叹矣。

（8）凡大智慧者必知做正确的事，而小聪明人只会正确地做事。

（9）凡大智慧者必懂吃亏是福，而小聪明人只会抓小放大。

（10）小聪明的人善于攀比，大智慧的人善于平衡。

小聪明者在世俗中随波逐流，被小聪明所误，容易把春光看做秋风，会用自造的凄凉来折磨自己；大智慧是老子哲学中的以柔克刚，仰观满天星斗，俯瞰人间烟火，淡泊明志，宁静致远，高山挺拔，草木景仰，大海辽阔，江河来归。

笑看云翻雨覆，谛听旷野喧嚣人生需要的是大智慧，而最忌讳的是小聪明。小聪明本身就具有一种擦抹不掉的悲剧色彩，小聪明总有个性的弱点，个性的弱点总会造就人生的局限，所以大智者的人生常常很成功，小聪明的人生可能支离破碎。

小聪明一旦与功名利禄粘连，人生的悲剧就上演了。清朝的和珅是个绝顶聪明的人物，但他的一生都是在耍小聪明中度过的。他的整个一生都在贪婪敛财，从而成为超级贪官，害国害民，不得善终，令人扼腕！小人物被小聪明所误，容易变得张狂，自己不认识自己，走路辨不出南北西东，做事不知道天高地厚。

大人物若是被小聪明所误，造成的损失则是灾难性的。"赔了夫人又折兵"的典故，出自《三国演义》。讽喻那些设计整人整不到，反而贴了老本的人。周瑜自恃胜券在握，不想遇到了诸葛亮。这"赔了夫人又折兵"，实际上正是周瑜聪明反被聪明误的结果。

《红楼梦》中的王熙凤也算是文学作品中"聪明反被聪明误"的典型。凤姐在贾府算是一个巾帼英雄了，她想尽多种办法聚敛财富，引来贾府上下的不满，最终还落得个悲惨的结局。应了书中对她的判词："机关算尽太聪明，反误了卿卿性命。"

其实，聪明是一笔财富，关键在于怎么使用：财富可以使人过得很好，也可能使人毁掉。真正聪明的人会使用自己的聪明，那主要是深藏不露，或者不到火候时不轻易使用。耍小聪明往往是招灾引祸的根源。

若是运用大智慧，便能造福苍生，泽被后世。大人物运用大智慧就能眼明耳聪：笑看云翻雨覆，谛听旷野喧嚣！真个是"不畏浮云遮望眼，只缘身在最高层。"小人物运用大智慧，一生受益无穷。大智慧像阳光，即使没有缝隙，阳光也能照亮心窝。幽兰吐馥，金菊傲挺，翠竹抱虚，寒梅争妍，无一不是大智慧。

【学堂总结】

生活中小聪明的人有很多，具有大智慧的人却很少。在这个世界上，成就一个人的往往是大智慧，毁灭一个人的常常是小聪明。人生需要大智慧，不需要小聪明。

知可为而为之

【引子】

夫代大匠斫者，希有不伤手矣。

——老子·第七十四章

代替木匠而又不懂木匠之艺而乱砍斫，很少有不砍伤自己手的。

【专访】

老子认为，一个人只有自己有了足够的能力，才可以考虑帮助别人，否则就是稻草人救火，自身都难保。也就是说，要知可为而为，做任何事情都要量力而行，不要做超出自己能力的事情。

《中庸》里面曾经提到"三达德"，即所谓的"知、仁、勇"。它们排列的顺序是很有意义的，"知"应该是最重要的，没有"知"的仁或许是愚人之仁，没有"知"的勇就只能是匹夫之勇。

所以，一个人了解自己很重要。也许你会说，自己难道还不了解自己吗？然而，据调查显示，大多数人并不真正地了解自己，不清楚自己的特长和实力。

有自知之明的人非常了解自己的优劣，因为他们时时都在仔细检视自己。能够时时审视自己的人，一般来讲，他的过错都非常少，因为他会时时考虑：我到底有多少力量？我能干多少事？我该干什么？我的缺点在哪里？为什么失败了或成功了。这样做就能轻而易举地找出自己的优点和缺点，为以后的行动打下基础。

知可为而不为，犹豫；知不可为而为之；糊涂；知可为而为之，睿智，不知可为不可为，愚蠢。智慧之人都善于将自己的行动建立在切实可行的客观条件上，自己的能力还不够就勉强去做某些事，通常的结果是失败，折损了自己的壮志，也惹来一些嘲笑。

有人问："你认为完全没有打过篮球的人，可以当很好的篮球教练吗？"回答："当然不可能，外行不可能领导内行。"

可是，有许多人，对某个行业完全不了解，只听到那个行业好赚钱，就马上开起业来了。我看过对穿着没有任何品位、或根本不在乎穿着的人，梦想却是开间服装店；不知道电脑怎么开机的人，却想在网上淘宝。结果什么都没做成，却不反省自己是否专业能力不足，只抱怨时不我与。

可见，知可为而为是一个人最基本的素质。一个人如果不自量力，难免会自取其辱，碰得满鼻子灰，酸溜溜的难以在人前抬起头来。人开创事业的时候，要清楚自己的能力，什么事自己能做，什么事自己做不来，不要勉强自己。

不自量力的人做事往往不知深浅，因为他不清楚自己的实力，出发点没有站在稳固的基点上，而是从不切实际的空中楼阁作出判断。当别人替他拆穿西洋镜的时候，他才不得不认识到自己的无知。

知可为而为的前提是有自知之明。

龟兔赛跑以后，乌龟总是扬扬得意，兔子却一直沉默不语。乌龟却不管兔子的感受，做着自己长远的规划。

过了几天，重塑形象的乌龟给鹰王递上呈文，要求委以重任。

鹰王问乌龟："你想高攀什么职位？"

乌龟说："请教我飞翔吧！只上一堂课我就能冲上云霄，穿过大气层，翻飞在太空。在那里，我可以看太阳、月亮，还有成千上万的星星。我还可神速地降落，逍遥自在地掠过一个又一个城市，在短短的几天中饱览所有风光！"

鹰王嘲笑乌龟的荒唐，奉劝他知命守分，用适合自己的方式生存。可乌龟却固执己见，坚持要鹰王把飞行的本领教他。

鹰王无奈，只好抓起乌龟直飞云端，并对乌龟说："看你怎样飞翔！"说着鹰王爪子一松，乌龟掉了下来，摔得粉身碎骨。

"乌龟"的致命弱点就是不知道自己是什么，更不知道自己适合怎样的生活。乌龟因为在龟兔赛跑以后获得了大家的赞誉，便飘忽忽不知所以了，结果，代价是惨重的。

【学堂总结】

做任何事情都要量力而行，不要做超出自己能力的事情。如果不自量力，难免会自取其辱，碰得满鼻子灰。智慧之人都善于将自己的行动建立在切实可行的客观条件基础上。

甜言蜜语是毒药

【引子】

信言不美，美言不信。

——老子·第八十一章

可信的话不一定动听，好听的言语未必可信。

【专访】

老子的这句话也可以理解为：诚实的话不漂亮，漂亮的话不一定诚实。这包含了内容和形式的辩证法。也就是说，如果人们被事物的现象所迷惑，而不深入探究，往往要犯错误。

有这样一种人，当着人的面总是说好听的，可是一转身，他的嘴就不是那张嘴了，多没谱的话，多难听的话，多伤人的话，他都能说得出口。这种人，正应了老子的这句话："可信的话不一定动听，好听的言语未必可信。"

人们大多不喜欢听真话直话不顺耳的话，即使圣贤如孔子也要到60岁才耳顺，何况我们一般人呢？

面对他人的恭维，要冷眼观之，冷心待之。《吕氏春秋》里有一篇《九石弓》，生动地描述了一个阿谀逢迎的故事：

齐宣王爱好射箭，他喜欢听人家称赞自己能使用强弓。其实，他常拿给左右侍从看的，只不过是一张强度仅三石的弓。侍从们也凑趣，拿来试试，人人拉到满弓的一半便停住了。大家说："这张弓，至少是九石弓，除了王能使用，还有谁能拉得开，用得上？"宣王所用的却是三石弓，然而，他到死都自以为使用的是一张九石弓。

本来是侍从们的阿谀奉承，但齐宣王不自警，遂为侍从们所迷惑，以致终生受骗而不觉。齐宣王平日亲信和重用一班阿谀奉承的奸臣，对忠臣良将却猜忌和排斥，使齐国面临着重大的政治、经济危机。鲁迅先生曾经说过：人，往往容易被捧杀。齐宣王的事例，至今读来，仍有一定的现实教育意义。

生活中，一些看似很好的朋友，每天在身边说一些奉承、恭维的言语，一旦你没利用的价值了，那些奉承、恭维的话也就不见了踪影。最好的朋友往往说一些平凡的、朴实的话，却是最本质的言语，当你需要帮助的时候，他会真诚地关心你、支持你。

生活中奉承和恭维的话很华丽，很动听，但会让我们迷失方向。有些人往往在你面前说得优美动听，使你飘飘然。当面说得都是一些忠贞不贰的话，表现出的是忠诚老实相，但背后说不定有更险恶的用心。这种人善于搬弄是非，在你面前说别人的坏话，在别人面前说你的坏话，不闹出矛盾，绝不罢休。

唐代有一个人叫李林甫，对人总是恭维话不绝于口，其实暗地里尽做些害人的勾当，因此被视为"口蜜腹剑"。在生活中，像李林甫这样的当面说好话、背后踹你一脚的人，不多，但也有。如果遇上了，也不要害怕，而要认真识别，严加防范。

如何识别这类不怀好意的恭维呢？其实并不难，因为砒霜要抹上蜜糖才能迷惑人们，越假的恭维话越会令人感到肉麻。所以，越是说得动听、柔媚的恭维话，越不难发现其伪诈之处和真实的用意。只要细心识别，妥善处之，定能防患于未然。

如果一个人无原则地讨好和巴结别人，这样的人值得警惕。人都有自己的尊严、思想、利益，无原则地迁就、服从别人，不是有私心者谁能如此？所以，只要看到一个人具有拍马讨好的特点就足以断定他的人格人品了。

甜言蜜语是化了妆的毒药，要想不掉入甜言蜜语的陷阱里，就要管住自己的心。一位哲人说过："阿谀是一种伪币，它只有通过虚荣心才能流通。"虚荣会使人犯糊涂，对周围不怀好意的人的甜言蜜语失去警惕，从而掉进他早就设计好的陷阱之中。

在现实生活中，大部分人都有一个致命的弱点：爱听好话，不愿意听逆耳忠言。这是人的本性，但是我们可以做到对好话进行分辨，保持理智和清醒，不要被花言巧语迷惑了，以免受骗受害。

"信言不美，美言不信。"老子把这句话放在《道德经》收尾之章，有其深意，值得我们细细地读，反复品味。

【学堂总结】

真实的话并不华美，美言未必真实。中国人大多不喜欢听真话直话不顺耳的话，岂不知奉承和恭维的话很华丽，很动听，而且会让人迷失方向，掉入甜言蜜语的陷阱里。

课节四 大智若愚：
大巧若拙的生活智慧

大智若愚，是一种很高的修养。中国人崇尚事不出位，要求说话办事不要超越自己的名分和地位，该说该做什么，不该说不该做什么，都以自己的职责为限，谨慎稳重。

大智若愚是智慧的最高境界

【引子】

知者不言，言者不知。

——老子·第五十六章

智慧的人不多言，多言的人必愚笨。

【专访】

"知者不言，言者不知。"老子的这句话，告诉人们要学会糊涂的智慧。后世人对这句的理解是仁者见仁，智者见智，动用之妙，存乎一心。言语是很浅薄的东西，很多时候，我们无须太多的语言去演绎我们的才华，更无须掩盖我们的浅薄。

说话是一门学问，说得不多不少是一门很考究的工夫。有时，明明知道的事情而故意装着不知道，看得分明的东西装作看不见。通俗一点讲，就是虽然明白一切，但却故意装糊涂。明明知道，明明看见了却装作不知道，没看见。

为了保全自己，为了达到目的，你都必须这样做。比如你偶然知道了你不该知道的事情，为了保护自己的生命安全，你必须要缄口不言。人人都有身处险境、尴尬难堪的时候，"知者不言"常常是明哲保身或达到目的的重要方法。

在一个特定的形势、场合、背景下，尽管你都知道，但是不该说的就不说，说了反而不如不说的好，甚至还会带来祸害，那你就来个"知者不言"，那真是"智者不言"了。历史与现实生活中很多人就是不能把握这一点，不看对象，不看场合，有啥说啥，给自己带来很多的麻烦，甚至一生的后悔。这种"言者不知"，又真是"言者不智"了。这样的例子难道还少见吗？

春秋时，齐国有位智者叫隰斯弥。当时当权的大夫是田成子，颇有窃国之志。一次，田成子邀他谈话，两人一起登临高台浏览景色，东西北三面平野广阔，风光尽收眼底，唯南面却有一片隰斯弥家的树林蓊蓊郁郁，挡住了他们的视线。隰斯弥在谈话结束后回到家里，立即叫家仆带上斧锯去砍树林。可是刚砍了几棵，他又叫仆人停手，赶快回家。家人望着他感到莫名其妙，问他为什么颠三倒四的？隰斯弥说："我家一片树林突兀而列，从田成子的表情看，他是不会高兴的，所以我回家来急急忙忙地想要砍掉。可是后来又转念，当时田成子并没有说过任何表示不满的话，相反倒十分的笼络我。田成子是一个非常有心计的人，他正野心勃勃要谋取国位，很怕有比他高明的人看穿他的心思。在这种情况下，我如果把树砍了，就表明了我有知微察著的能力，那就会使他对我产生戒心。所以，不砍树，表明不知道他的心思，尚算不上有罪而可避害；而砍了树，表明我能知人所不言，这个祸，闯得可就太大啦！"

古人以为做一个真正明智的人，要察，又要有度，"好察非明，能察能不察之谓明。"什么叫"能不察"呢？就是在一群人中，唯有自己洞察了这件事的本质，而又偏偏有人不愿你把事实的真相说出来，于是只好装作不知，以免遭不测。

中国人自古懂得一个古训：看破而不说破。糊涂不是无知，是人类隐藏着的智慧。糊涂不是无能，是人类一种未曾被启动的潜能。做人要学会糊涂。郑板桥曾道："难得糊涂"。但难得糊涂的郑板桥，其实是个明白人。看破官场腐败的他，辞官回乡，写诗作画为生，潇洒人生，以怪闻名。能看破，但就是不说出来或做出来。这是一种揣着明白装糊涂的智慧。

与人相处，有时需要学会装糊涂。"心照不宣"就是一种比较高级的装糊涂法，只要你管住了自己的嘴，抑止住你想表现的欲望就行了。这种"糊涂"实际上就是"明者远见于未萌，智者避危于无形"，是一种少有的谨慎。

愚昧者看不懂，聪明人看得破。看破不说破的是大聪明，真高明，看破又说破的则是大愚蠢，假精明。宋江久怀招安之志，吴用看得最清楚，但从不说破，宋头领格外倚重于他；李逵动不动就大叫"招甚鸟安"！结果老是受宋江的怒斥。这便是智者与愚者的区别之所在。

有许多事情可以看破不可以说破，难得糊涂才能保全自己。在纷繁变幻的世道中，能看透事物，看破人性，能知人间风云变幻，而又能"难得糊涂"，这样不是很好吗？

【学堂总结】

智慧的人不多言，多言的人愚笨。看破不说破的是大聪明，真高明，看破又说破的则是大愚蠢，假精明。难得糊涂，远见于未萌，避危于无形，这样不是很好吗？

适时藏起自己的锋芒

【引子】

上德若谷，广德若不足，建德若偷，质真若渝。大白若辱，大方无隅。

——老子·第四十一章

崇高的德好似空谷，广大的德好像不足，刚建的德，好似怠情，质朴而纯真好像混沌未开。最洁白的东西好像是污浊的，最方正的形

象一般看不出棱角。

【专访】

据《史记》记载，孔子曾经拜访过老子，向他请教"礼"。老子也告诫孔子说："一个聪明而富于洞察力的人身上经常隐藏着危险，那是因为他喜欢批评别人。雄辩而学识渊博的人也会遭遇相同的命运，那是因为他暴露了别人的缺点。因此，一个人还是节制为好，即不可处处占上风，而应采取谨慎的处世态度。"

老子还对孔子说："君子盛德，容貌若愚。"这里的盛德是指"卓越的才能"。整句话的意思是，那些才华横溢的人，外表上看与愚鲁笨拙的普通人毫无差别。

老子还告诫世人："不自见，故明；不自是，故彰；不自伐，故有功；不自矜，故长。"这句话的大意是，一个人不自我表现，反而显得与众不同；一个不自以为是的人，会超出众人；一个不自夸的人会赢得成功；一个不自负的人会不断进步。

比如，身在职场，往往都急于显露一下自己的才能和实力，盼望尽快得到他人的认可和刮目相看。因而表现得锋芒毕露、急于求成，凡事都要争个"先手"，有时动不动还要来个"抢跑"。但是，过早地掀起和卷入竞争，也会造成某些潜在的被动。

（1）无形中将自己放在一个较高的起点和定位上。因为你处处显露自己的才干和见识，人们就会产生一种心理定式，认为你总能比别人强。一旦你有错漏和失误，别人轻则说你还欠火候，重则落井下石，幸灾乐祸地说这是自高自大的最好报应。

我们在日常工作中，会遇到以下问题：有一些事，人人已想到、认识到了，却无一人当众说出来。人所共欲而不言，言者乃大傻也。

（2）过早地卷入升迁之争。升迁之争存在的一个普遍规律便是通过不断地淘汰来实现金字塔式的职位升迁。过早地进入这个程序，就意味着有可能过早地遭到淘汰。有时淘汰有可能是一种机遇和运气，有时会是人际关系失衡后一种权宜的矫正，甚至是一种不公平、不光彩的人为私欲的暗箱操作和利益交换。过早地卷入可能会成为无辜的牺牲品。

（3）根基不稳，虽长势很旺，但经不住风撼霜摧。没有厚积薄发的底牌，就一股脑儿地将十八般武艺悉数亮将出来，便是应了中国那句忌语："好话不可说尽、力气不可用尽、才华不可露尽。"一旦成强弩之末，连薄绢都穿不过，那肯定会被逐出场外，到那时岂不心血白费？

植木先伐，甘井先竭，露才遭嫉。所以，一个人要善于去掉自己锋芒毕露的角，这样才能长久，才能厚积薄发。

道家另一位代表人物庄子也有一句类似的话叫"直木先伐，甘井先竭"。一般来说，挺直的树木多先被砍伐；水井也是涌出甘甜井水者先干涸。嫉贤妒能，几乎是人的本性，所以有才华的人会遭受更多的不幸和磨难。

由此观之，人才的选用也是如此。有一些人才华横溢，锋芒太露，虽然容易受到重用提拔，可是也容易遭人暗算，甚至引来杀身之祸。历史上和现实生活中的这种例子比比皆是。

三国时，杨修是曹营的主簿，他思维敏捷，也敢于冒犯曹操。

曹操曾造花园一所。造成，曹操去观看时，不置褒贬，只取笔在门上写一"活"字。杨修说："门内添活字，乃阔字也。丞相嫌园门阔耳。"于是翻修。曹操再看后很高兴，但当知道是杨修析其义后，内心已忌杨修了。又有一日，塞北送来酥饼一盒。曹操写"一盒酥"三字于盒上，放在台上。杨修入内看见，竟取来与众人分食。曹操问为何这样？杨修答说，你明明写"一人一口酥"嘛，我们岂敢违背你的命令？曹操虽然笑了，内心却十分厌恶。

还一次，刘备亲自打汉中，惊动了许昌，曹操也率领40万大军迎战。曹刘两军在汉水一带对峙。曹操屯兵日久，进退两难，适逢厨师端来鸡汤。曹操见碗底有鸡肋，有感于怀，正沉吟间，夏侯惇入帐禀请夜间号令。曹操随口说："鸡肋！鸡肋！"便把这作号令传了出去。行军主簿杨修即叫随行军士收拾行装，准备归程。夏侯惇大惊，请杨修至帐中细问。杨修解释说："鸡肋者，食之无肉，弃之有味。今进不能胜，退恐人笑，在此无益，来日魏王必班师矣。"夏侯惇也很信服，营中诸将纷纷打点行李。曹操知道后，怒斥杨修造谣惑众，扰乱军心，便把杨修斩了。

凡此种种，皆是杨修的聪明犯着了曹操的忌讳；杨修之死，是由于他的聪明才智。后人有诗叹杨修，其中有两句是："身死因才误，非关欲退兵"。这是很切中杨修之要害的。

杨修之死给我们留下了重要的启示：才不可露尽。杨修是绝顶聪明的人，也算爽快，且才华横溢，其才盖主。这就犯了曹操的大忌。有些将帅帝王是不喜欢别人胜过自己的。一些资料说，乾隆皇帝好卖弄才情，好写诗，写过数万首诗。他上朝时经常出些辞、联考问大臣。大臣们都很聪明，明明知道那是很浅的学问或狗屁不通的对联，也不说破，故意苦思冥想，并且求皇帝开恩"再思三日"。这意思无非是让乾隆自己说。果然喜滋滋的皇帝说了出来，于是大臣一片赞誉之声，把个皇帝老儿喜得不得了。

杨修犯的正是这禁忌，你处处出尽风头，那魏王还能英明得了吗？这不是叫人赞扬你而冷落了主人吗？这是他必死的原因之一。

事不要点破。譬如鸡肋，曹操正苦思于此，不知如何解脱，你捅穿这层薄纸，就是羞辱了他。

【学堂总结】

嫉贤妒能，人之本性，有才华的人会遭受更多的不幸和磨难。好话不可说尽、力气不可用尽、才华不可露尽。一个人要善于去掉自己锋芒毕露的角，这样才能长久，才能厚积薄发。

大成若缺， 大盈若冲

大成若缺，其用不弊。大盈若冲，其用不穷。

——老子·第四十五章

最完美的事物，看起来仿佛有缺陷，但是他的功用却永不衰竭。最充实的东西，看起来仿佛是空的，但他的功用却无穷无尽。

老子教导我们一种境界，叫大成若缺，大盈若冲。最完美的东西，要留有一点空缺，非常充盈的东西，要留一点空，这样才有一种生命的张力，有一个后劲。看上去大成而带一点缺失，看上去充盈而带有一点空隙，这个作用将永远不弊败，永远用不完。

老子讲"大成若缺"，其实不过是讲境界，讲人生目的。我们来举一个大家比较熟悉的例子来解读。

西汉的萧何，在辅佐汉高祖刘邦争夺天下的过程中功劳最大，被刘邦封为鄼侯，赐予的食邑也最多。

汉高帝十一年（前196），陈豨反叛，高祖亲自率军到邯郸镇压。平叛尚未结束，淮阴侯韩信又在关中谋反，吕后采用萧何的计策，杀了淮阴侯，为高祖除去了心腹大患，于是汉高祖立即派遣使者拜丞相萧何为相国，加封5000户，并令500名士卒、一名都尉做萧何的卫队。

为此许多大臣都来祝贺，唯独谋士陈平深表担忧，对相国萧何说："祸患从此开始了。皇上风吹日晒地统军在外，而您留守朝中，未遭战事之险，反而增加您的封邑并设置卫队，这是因为目前淮阴侯刚刚在京城谋反，对您的内心有所怀疑。设置卫队保护您，并非以此宠信您，希望您辞让封赏不受，把家产、资财全都捐助军队，那么皇上心里就会高兴。"萧何深以为然，立刻听从了他的计谋。高祖果然非常欢喜。

汉高帝十二年（前195）的秋天，黥布起兵反叛，高祖又亲自率军征讨，征战期间屡次派人来询问萧相国在做什么。萧何因为皇上在军中，就在后方竭力安抚勉励百姓，把自己的家财全都捐助军队，和讨伐陈豨时一样。此时，又有一个门客劝告萧何说："您灭族的日子不远了。您位居相国，功劳数第一，还能够再加功吗？您当初进入关中就深得民心，至今十多年了，民众都亲附您，您还是那么勤勉地做事，深受百姓的爱戴。皇上之所以屡次询问您的情况，是害怕您民望太高，有可能震撼关中，对他不利。如今您何不多买田地，采取低价、赊借等手段来败坏自己在民间的声誉？这样，皇上的心才会安定，才不会对您不利。"于是萧何又听从了他的计谋，高祖果然放下心来，从此不再派人查问。

高祖征罢黥布叛军归来，民众纷纷拦路告状，控告相国低价强买百姓田地房屋数量极多。高祖于是召见萧何，笑着说："你这个相国竟是这样'利民'！"并把百姓的上书都交给萧何，说："你自己向百姓们谢罪吧。"

萧何购置田地住宅必定处在贫苦偏僻的地方，建造家园不修筑有矮墙的房舍。他说："我的后代贤能，就学习我的俭朴；后代不贤能，家产也不会被有权势的人家所夺取。"萧何的后代因为犯罪而失去侯爵封号的共有四世，但每次断绝了继承人时，天子总是再寻求萧何的后代，续封为酂侯，功臣中没有谁能够跟萧何这种情况相比。

太史公评价萧何说：相国萧何在秦朝时仅是个文职小官吏，平平常常，没有什么惊人的作为。等到汉室兴盛，仰仗帝王的余光，萧何谨守自己的职责，根据民众痛恨秦朝苛法这一情况，顺应历史潮流，给他们除旧更新。韩信、黥布等都已被诛灭，而萧何的功勋更显得灿烂。他的地位为群臣之冠，声望延及后世，能够跟闳夭、散宜生等人争辉比美了。

正是因为萧何成功运用了"大成若缺"的方式，不但在险恶复杂的政治环境下保全了自己的性命，还使得他亲自制定的"无为而治"的政治纲领得以继续延续下去，为开创"文景之治"的太平盛世打下了良好的政治基础，正所谓"其用不弊"。

获得了极大成就的人要表现得有所欠缺。这不是人为地让其欠缺，而是他自身要保持欠缺，这是他自身的需要，因为这样他才能保持自己的作用永不衰退。这里的"有所欠缺"，指做事留有余地，这样不但能够使自己进退自如，也能使自己开创的事业得以源源不断地发展下去。

"大成若缺，其用不弊。大盈若冲，其用不穷。"这是一个大境界，就是说，你最大的容纳是虚无的，只有虚无才能容纳无穷的未来。正如一个杯子它须是虚空的才可能装进水，一个塞满物体的容器，是不可能装进它应该容纳的东西的。

【学堂总结】

最完美的东西，要留有一点空缺，非常充盈的东西，要留一点空，这样才有一种生命的张力。看上去大成而带一点缺失，看上去充盈而带有一点空隙，这个作用将永远用不完。

大巧若拙， 大辩若讷

大直若屈，大巧若拙，大辩若讷。

——老子·第四十五章

直线的极端似曲线，巧妙的极致似笨拙，最善辩者却似笨嘴。

【专访】

老子这句话的意思是，最聪明的人，真正有本事的人，虽然有才华学识，但平时像个呆子，不自作聪明；虽然能言善辩，但好像不会讲话一样。做人须带一份憨，一份痴；不憨不能犯大难，不痴无以处浊世。凡患得患失之人，正是太聪明耳。

所以，无论是初涉世事，还是位居高官，无论是做大事，还是一般人际关系，都须带一份憨，一份痴。

我们在说一个人迂腐的时候，往往讲这个人不开窍。不开窍固然不好，但开窍过多就好吗？

老子告诫我们，做人要"大巧若拙"。为什么呢？因为懂得越多，看得越透彻，要求得到回报的欲望就越高，对社会就越不满，人生也越痛苦。知道得越多就越要盘算，把生活变成了生意，计较得失。所以，做人还是"屈"一点、"拙"一点、"讷"一点好。

曾经有人将世间各色人等，按其精明的程度分为四个等级、四种类型。

第一个等级是外表敦厚，不以精明自居，甚而让人感觉有些傻乎乎，但骨子里却有一种智慧。这种人，往往让人产生一种高度的信任感。这种精明，是最高层次的精明，所谓"精明不外露"，以及"大巧若拙，大辩若讷"，就是这个意思。

第二个等级是让人一眼看去就感觉浑身透着精明，而内底也确实相当精明的人。但"精明外露"已非上品，不免让人处处防范，其"精明"的效果也就有限，充其量只能算是二等货。

第三个等级是本身既无多大能耐，看上去也就是傻冒一个，正因其内外都"傻"，本人既无"自作聪明"之举，他人对其也全不设防，进而有不忍欺之者，故尚可安居三等。

第四个等级是看上去一脸"精乖"相，亦往往自认为精明过人，骨子里却愚不可及。此等角色人见人厌，成事不足败事有余，是为末等。

以上四色人等，又并非一成不变，如第二等者，一旦"精明"过头，聪明反被聪明误，往往会沦入末等而不复；而原为第三等者，如能在世事磨炼中逐渐悟出人生真谛，则摇身一变而跻身头等行列者亦不乏其人。

大巧若拙，大辩若讷再聪明的人都无法完全认清世间万象，运转再快的头脑也跟不上世界万物的变化。所以老子要求我们做人要"屈"一点，"拙"一点，"讷"一点，这样才能掌握世间万物，掌握我们自己。

很多人还对金庸笔下郭靖的"傻里傻气"记忆犹新。结果呢？他成了受人尊敬的武林高手。

某种角度看《天下无贼》，也许我们看到的傻根更像是对金庸笔下郭靖的翻版。傻根说他们家乡，在山里见到牛粪，用小石子绕着画个圈，隔个三五天没人会去动它，因为他们都知道这已是别人的了。就像剧中人物说的那样，我们走了那么远的路，就遇到傻根一个对别人没有设防没有戒心的人。

在浩荡的列车上，老谋深算的黎叔，保护傻根的王薄、王丽，想篡位的老二，争风吃醋的小叶，每个人都在钩心斗角，暗中窥探。长夜漫漫，所有的聪明人都无法安然入睡，却只有心无旁骛的傻根睡得香甜。

傻人的福气主要体现在：

（1）傻人对许多事是不过心的。傻人缺乏精明人的一些算计和设想。算计和设想虽是好事情，可好事情的另一面常常就是陷阱，会造成人的过失。而傻人缺乏那样的算计，也就避免了那样的过失，无所谓陷阱可言。

（2）傻人往往也不会过分注意身边潜在的危险和可能要失去的东西。所以他往往对事物并不主动地出击，这样反而不会使危险扩大，做到了顺其自然。傻人的天性里含有一种自然的忍让、宽容和视而不见，他做到了一种精明人很难做到的事情，傻人是不计较所谓得失的。

（3）傻人由于自身的特点，目光往往是不够尖锐的，这样他也就没有那么多的挑剔。一个不去挑剔生活和别人的人，是幸福的。

（4）傻人对许多事情都是不在乎的态度。这正是精明人以为的天下最高明的境界，当然也就最难忍受。而傻人却不管这一套。因此，在生活里，只有傻人活得最痛快、最轻松，似乎也就最完备。精明人是看不起傻人的，他们防止自己做傻事，每一步都希望迈得很精确。可其结果却总是让他们不满意。甚至不但干了错事傻事，还招来许多危险，落入怪圈或陷阱。世上如果真有什么巨大损失的话，那一定是发生在精明人身上的。

聪明不外露，才是真正的智者。巧中有拙，拙中有巧，用大智若愚的一种心态存活于当今的社会，也就是做人要带一份憨，一份痴。不害人也不被人害。保住了自己，也成全了他人，何乐而不为呢？

【学堂总结】

直线的极端似曲线，巧妙的极致似笨拙，最善辩者却似笨嘴。做人须带一份憨，一份痴；不憨不能犯大难，不痴无以处浊世；还是"屈"一点、"拙"一点、"讷"一点好。

更聪明的人不说话

多言数穷，不如守中。

——老子·第五章

言多反而易失，还不如抱守中道，将一切深藏于内心。

中国人崇尚事不出位，要求说话办事不要超越自己的名分和地位，该说该做什么，不该说不该做什么，都以自己的职责为限，谨慎稳重。这是处世精明老练的表现之一，不要多加卖弄，招来引火烧身的命运。

老子说："多言数穷"。一个"穷"字道出了话多之人的窘迫。话越多，越窘迫。何必自己逼自己，所以，大多时候多言是不必要的。多言必多心，多言必多事。

老子向来主张少说话，话不在多而在精。这里，老子更进一步，认为多言不如多知，话能不说就不说，只要心里明白就可以了，不该说的话多说无益，不该问的多问也没有什么好处。正所谓：傻瓜的心在嘴里，聪明人的嘴在心里。

孔子曰："君子讷于言而敏于行。"有道德学问之人，说话谨慎，工作勤勉，这句话强调了实际行动的重要性，生活中，应少说话多做事。

古希腊有一句民谚："聪明的人，借助经验说话；而更聪明的人，根据经验不说话。"少说话没坏处。无数的经验教训告诉我们，不该说的不说，以不说的方法来表现想说的内容，是一种非常高明的技术手段。

东汉名将马援在讨伐交趾（今越南）的前线上，听说自己的侄子马严、马敦爱议论别人，还爱管闲事，就从前线专门差人给二位侄子送信，信中说：

我最讨厌议论别人长短、评议国家事务是非的人了！儿孙中有人有这种行为，让我难受。宁愿死，我也不想再看到这种现象。我盼你们听到别人的过失就像听到父母的名字，耳朵可以听，但嘴却不能说。我给你举两个人的例子，让你们为学为戒。要学龙述，别学杜保。龙述敦厚谨慎，不说一句不当的话，廉恭节俭，有威严，我很尊敬他。你们学龙述，学不成也只是长进不大，但总不致害了自己。也就是说：成不了大雁充其量是只鸭子。杜保很仗义，把别人的忧愁当成自己的忧愁，把别人的快乐当成自己的快乐，结交了不少人。他父丧之时，远近数郡的朋友全来了。我也敬重他，但希望你们不要跟他学。学他不成，就会堕落为轻浮子弟，就像画虎不成反类狗一样！

马援真是慧眼如矩。不久，杜保果然犯事了。当他被光武帝刘秀当面训斥并拿马援戒侄信让他看时，吓得叩头流血，方才得免。而马援告诫子侄不论人长短、不非议国事的事自此深入人心，成为日后保全其家族的一道有利武器。

君子讷于言而敏于行。隋代人王通说："罪莫大于好进，祸莫大于多言。"西谚说："多言吃苦，缄默少祸。"古人讲慎言，就是要管住自己的嘴巴，说话分场合、有分寸，不多言，不乱言。曾国藩说过："人生坏事的两个因素，一是自傲，二是多言。多言生厌，多言招祸，多言致败，多言无益。"说话不可不慎。

苏轼才华绝世却一生坎坷、屡遭打击，与他直言朝政、讽时讥世有很大关系。比如他针对王安石变法中推行的青苗法，写了一首名为《山村》的诗说："杖藜裹饭去匆匆，过眼青钱转手空。赢得儿童语音好，一年强半在城中"。大意说：百姓得了青苗钱，立即在城中过度消费。又如《秋日牡丹》中说"化工只欲呈新巧，不放闲花得少休"，这首诗虽属闲暇之吟，但也被牵强会意。苏轼被从湖州任上逮捕回京，无可奈何之下承认：化工比执政，闲花比小民，讽刺执政者犹民云云。

苏轼被捕后，羁押在御史台，御史台古有乌台之称，故此案称"乌台诗案"。乌台诗案牵涉到一批反对宋神宗与王安石改革的主要人物，共计 22 人，其中包括苏辙、司马光、刘挚。这些人之所以身陷囹圄，皆犯了一个相同的毛病：多嘴。

一般的"多言"，有造成过失的可能，恶劣程度也许没有如此之甚。但从小我世俗的角度来说的，多言之弊也不可不察。

有些话，说出来是伤感情的，坚决不能说。这些话，说出之后，不仅害人，而且害己，双方当事人都深受折磨，何苦呢？

有些话，说出来是影响团结的。在一个集体里，有些话是不能说的，是忌讳。集体里的每个成员都应互助互爱，有些话一旦说出了，会让集体的凝聚力大大降低，让成员对集体的信赖度大大减退。

有些话，说出来是影响情绪的。在消极情绪苗头出现的时候，不可雪上加霜，让同志们斗志全无，这样如何能胜利完成任务？

有些话，说出来是不妥的。欠成熟的人可能会大放厥词，欠理智的人可能会口若悬河，欠考虑的人可能会"慷慨激昂"，但成熟稳重理智的君子是适量有度的，是能够把情绪控制在缩放自如的范围之内的。

有些话，说出来是不对的。在事情还没弄清楚之前，在结果还没有最终确定之前，在是非还没有澄清之前，"没有调查就没有发言权"，调查未果也没有发言权。完全行为能力人都要为自己说得话负责任。

有些话说出去了，可能一时嘴巴痛快了，率性了，满足了，但岂不知多言其实等于失态，或许离制造灾难只有一步之遥。所以要管住自己的嘴巴，把好这道关口，让要说的话经过大脑的过滤才行。

缄默的嘴，真诚的心，是世界上最令人赞美的东西。这个世界，有时候不张嘴都能引来祸患，多嘴就更不用说了。对于说话，要保持审慎的态度。不管怎么样，还是老百姓说的实惠："少说话，多做事。"

【学堂总结】

罪莫大于好进，祸莫大于多言。言多反而易失，还不如抱守中道，将一切深藏于内心。傻瓜的心在嘴里，聪明人的嘴在心里。生活中我们应少说话多做事。

学会看破不说破

【引子】

俗人昭昭，我独昏昏。俗人察察，我独闷闷。

——老子·第二十章

世俗之人都聪明自炫，只有我愚钝笨拙。世俗之人都严苛明察，唯独我这样敦厚淳朴。

【专访】

郑板桥有句名言："聪明难，糊涂难，由聪明至糊涂难上加难。"

其真意与老子的意思类同，即人能达到聪明机智难得，而天生本性的淳朴不受沾染的所谓糊涂者也难得，而原本聪明却要装作糊涂，更是难上加难。

众所周知，人有聪明人和糊涂人之分；同是聪明人，又有大聪明和小聪明之分；同是糊涂人，又有真糊涂和假糊涂之分。老子应该归为假糊涂，真聪明之类。

这正如喝酒，真醉和装醉是完全不同的两种情况，愚者和装愚者是截然相异的两种人。玩"醉拳"的是"形醉而神不醉"，"醉"是"醉"在"虚"处，是迷惑对手，而"拳"却击在"实"处，招招致命。装愚的是"外愚而内不愚"，"愚"是"愚"在皮毛小事，不涉宏旨，无关大局，而"精"却"精"在节骨眼上，事关一生命运。

所以，老子认为，绝顶聪明的人不喜欢摆弄自己的聪明，"俗人昭昭，我独昏昏"，以免让别人窥到自己的真实意图；相反，他们更多的时候是揣着明白装糊涂，"俗人察察，我独闷闷"，不要让别人看透内心。

《三国演义》中有一段"曹操煮酒论英雄"的故事。

当时刘备落难投靠曹操，曹操很真诚地接待了他。刘备住在许都，在衣带诏签名后，为防曹操谋害，就在后园种菜，亲自浇灌，以此迷惑曹操，放松对自己的监视。

一日，曹操约刘备入府饮酒，议论谁为世之英雄。刘备点遍袁术、袁绍、刘表、孙策、刘璋、张绣、张鲁、韩遂，均被曹操一一贬低。曹操指出英雄的标准——"胸怀大志，腹有良谋，有包藏宇宙之机，吞吐天地之志。"

刘备问："谁人当之？"

曹操说："惟使君与操耳。"

刘备本以韬晦之计栖身许都，被曹操点破是英雄后，竟吓得把匙箸也丢落在地下，恰好当时大雨将至，雷声大作。刘备从容俯拾匙箸，并说"一震之威，乃至于此"，巧妙地将自己的惶乱掩饰过去，从而也避免了一场劫难。

刘备藏而不露，人前不夸张、显炫，装聋作哑，不把自己算进"英雄"之列，这办法是很聪明的。

现实生活中，"糊涂"的用法很简单，难的是对世态人情的理解。因此，对于那些对人性人情没有深刻认识的人来说，一般都不敢使用这个方法，即使用了，也会心存疑虑，畏畏缩缩的，总担心送出去了就收不回来。结果，当然达不到自己的目的。

有智慧的人肯"糊涂"，主动"当傻子"是善于抓心理弱点的智慧。当你自愿显得有点"傻"时，别人既喜欢和你在一起衬托出自己的聪明，又不用担心你有深藏的企图。在所有商人都在力求更精明的时候，反其道而行之，不能不说是一种智慧。

只有目光远大者才敢"糊涂"。很多商人在交易过程中看到了眼前的蝇头小利，"不拿白不拿"，"不吃白不吃"。有小便宜就占，有小亏就躲，这样的人只看到了一时之利，而别人也看出了这种人的贪婪和精明。在商场上，没有人愿意和太精明的人合作，因为那样会显得自己很傻，总占别人小便宜毕竟是一件让人觉得不舒服的事。反倒是甘愿吃点小亏的人能够吸引更多的合作者。能保持相对长久的合作关系，如此这般自然能获得丰厚的长远利益。

人人都愿意做一个聪明的人，不愿意成为一个糊涂的人。但是有时候还需要一些"难得糊涂"的精神。因为这种"糊涂"才是顶级的聪明。其实，有的时候，一点点的"糊涂"和人情味比十足的"精明"更容易得到回报。表面上你"憨"，其实最大的赢家还是你！

大智若愚，从一个角度来说，也可理解为小事愚，大事明。对于个人来说是一种很高的修养。所谓愚，并非自我欺骗，或自我麻醉，而是有意糊涂。该糊涂的时候，就不要顾忌自己的面子、学识、地位、权势，一定要糊涂；而该聪明、清醒的时候，则一定要聪明。由聪明而转糊涂，由糊涂而转聪明，则必左右逢源，不为烦恼所扰，不为人事所累，这样你也必会有一个幸福、快乐、成功的人生。

绝顶聪明的人不喜欢炫耀自己的聪明，以免让别人窥到自己的真实意图，他们更多的时候是揣着明白装糊涂，不让别人看透内心。大智若愚，是一种很高的修养。

"使有什佰之器而不用；使民重死而不远徙。虽有舟舆，无所乘之；虽有甲兵，无所陈之。使民复结绳而用之。甘其食，美其服，安其居，乐其俗。邻国相望，鸡犬之声相闻，民至老死，不相往来。"——老子·第八十章

国家要小，人民要少。即使有各种器具，也不多用；使人民珍惜生命，不作长距离的迁移；虽有船只车辆，却没必要去乘坐；虽有兵器武备，却没必要去布阵打战。使天下回复到人民都结绳纪事的远古状态之中。让人民吃得香甜，穿得漂亮，住得安适，满意于他们的平凡生活。国与国之间相互望得见，鸡犬之声相互听得见，而人民从生到死，也互不往来。

"难得糊涂"，是一种人生智慧，而揣着明白装糊涂，有时则是大智若愚的表现。在与人交往、交谈时，世事洞明、人情练达的人往往懂得适时地假装糊涂，从而达到自己的说话目的。

在现实生活中，人们在进行言辞交往时，经常会碰到一些自己不能回答或不便回答但又不能拒而不答的问题，这时，最好的办法就是假装糊涂，巧妙地回避问题。

闪避是言语交际中从礼貌的角度出发的做法，它的要求是：对别人所问，应当回答，但答要答得巧妙，迂回地达到躲闪、回避别人问话的目的。既要让别人不致难堪下不了台，又要维护自己不能答、不便答的原则。

阿根廷著名的足球运动员迪戈·马拉多纳在与英格兰球队相遇

时，踢进的第一球，是"颇有争议"的"问题球"。据说墨西哥一位记者曾拍下了"用手拍入"的镜头。

当记者问马拉多纳，那个球是手球还是头球时，马拉多纳机敏地回答说："手球一半是迪戈的，头球有一半是马拉多纳的。"马拉多纳的回答颇具心计，倘若他直言不讳地承认"确系如此"，那么对裁判的有效判决无疑是"恩将仇报"。但如果不承认，又有失"世界最佳球员"的风度。而这妙不可言的"一半"与"一半"，等于既承认了球是手臂撞入的，颇有"明人不做暗事"的大将风范，又在规则上肯定了裁判的权威，亦具有了君子风度。

另外，交往中，往往由于对方提出的问题比较敏感，或者涉及某种"隐私"不好回答，然而面对客人又不能不答，这时也需用假装糊涂来给以回答。不过这种假装糊涂与前面的假装糊涂有所不同，前面的假装糊涂是故意让对方知道自己在为对方掩盖错误以便讨得对方信任或增加友谊的一种主动行为。而这种假装糊涂是在对方首先提出问题，自己本不想答但又不得不答的情况下，或"移花接木"或"引入歧途"从而使对方既不尴尬，自己又能反客为主的应变技巧。两者虽归于一类，但却有质的不同。如：

一次，乾隆皇帝突然问刘墉一个怪问题："京城共有多少人？"刘墉虽猝不及防却非常冷静，立刻回了一句："只有两人。"乾隆问："此话何意？"刘墉答曰："人再多，其实只有男女两种，岂不是只有两人？"乾隆又问："今年京城里有几人出生？有几人去世？"刘墉回答："只有一人出生，却有十二人去世。"乾隆问："此话怎讲？"刘墉妙答曰："今年出生的人再多，也都是一个属相，岂不是只出世一人？今年去世的人则十二种属相皆有，岂不是死去十二人？"乾隆听了大笑，深以为然。确实，刘墉的回答极妙。因为皇上发问，不回答不行；答吧，心中无数又不能乱侃，这才急中生智，趣对皇上。

这就叫做所问非所答。

洪武年间的郭德成就是一个大智若愚的聪明人。

当时的郭德成，任骁骑指挥，一天，他应召到宫中，临出来时，明太祖拿出两锭黄金塞到他的袖中，并对他说："回去以后不要告诉别人。"面对皇上的恩宠，郭德成恭敬地连连谢恩，并将黄金装在靴筒里。

但是，当郭德成走到宫门时，只见他东倒西歪，俨然是一副醉态，快出门时，他又一屁股坐在门槛上，脱下了靴子——靴子里的黄金自然也就露了出来。

守门人一见郭德成的靴子里藏有黄金，立即向朱元璋报告。朱元璋见守门人如此大惊小怪，不以为然地摆摆手："那是我赏赐给他的。"

有人因此责备郭德成道："皇上对你偏爱，赏你黄金，并让你不要跟别人讲，可你倒好，反而故意露出来闹得满城风雨。"对此，郭德成自有高见："要想人不知，除非己莫为，你们想想，宫廷之内如此严密，藏着金子出去，岂有别人不知之理？别人既知岂不说是我从宫中偷的？到那时，我怕浑身长满了嘴也说不清了。再说我妹妹在宫中服侍皇上，怎么知道皇上不是以此来试一试我呢？"

现在看来，郭德成临出宫门时故意露出黄金，确实是聪明之举。恰如郭德成所言，到时的确有口难辩，而且从朱元璋的为人看，这类试探的事也不是不可能发生。郭德成的这种做法，与一般意义上的大智若愚又有所不同，他不只是装傻，更是预料到可能出现的麻烦，防患于未然。

在现实生活中，一般人很难达到大智若愚的境界，但这也无妨，只要为人、做事、说话懂得适时地假装糊涂，避重就轻，就能够取得良好的交际效果。

课节五 见于未萌:
安不忘危的生活状态

当今世界是一个充满竞争的世界,每个人都可能会随时会遇到挑战。老子的"祸莫大于轻敌"的提醒,可以让我们树立忧患意识和危机感,懂得居乐思悲。居安思危,思则有备,有备无患。做人做事应居安思危,处乎其安,不忘乎其危。少一些安乐,多一分忧患,将使人生进入佳境。凡事小心谨慎、如履薄冰,才能高瞻远瞩,运筹帷幄。

顺不足喜，逆不足忧

天下皆知美之为美，斯恶已；皆知善之为善，斯不善已。故有无相生，难易相成，长短相形，高下相盈，音声相和，前后相随。

——老子·第二章

世人都知道了美之为美，也就知道了何谓丑恶；都知道了善之为善，也就知道何谓不善。所以，有与无相并而生，难与易互相成就，长与短互相对比，高与低互相映衬，音节与旋律彼此应和，前与后连接相随。

【专访】

这是老子的方法论和自然主义的功德篇。老子的这一篇文章，旨在说明事物是互相对立而存在的，同时也说明了为功而不居功，所以功德永在的自然主义思想。

老子在这里主要阐述自然与人事的相对论，告诉人们一切事物都有对立面，一切事物都在相反的关系中产生，它们相辅相成，彼此互补。相反的关系是经常变动着的，因而一切事物及其价值判断也在不断地变动。以"有无相生，难易相成，长短相形，高下相盈，音声相和，前后相随"的辩证法，说明世间一切现象，都在对立中相调和。

比如，人生的处境就是如此。有时候我们处在顺境中，一顺百顺；有时候我们处在逆境中，看不到未来的方向；甚至一会心情很好，一会儿又莫名其妙地烦躁起来。怎么看待这个问题？怎么让自己的处境和心情有一个连续性？

根据老子的辩证法，要避免自己的处境和心情的大起大落，就必须在顺与逆这对矛盾关系的处理上实现"顺不足喜，逆不足忧"。

顺不足喜，逆不足忧。《菜根谭》有言："居逆境中，周身皆针药石，砥节砺行而不觉；处顺境中，眼前尽兵刃戈矛，销膏靡骨而不知"。这段文字的意思是：一个人如果生活在逆境中，身边接触到的全是犹如医治自身不足的良药，在不知不觉中会使你磨炼自己的意志。反之，一个人如果生活在顺境中，这就等于在你的面前摆满了消磨你精神意志的刀枪，在不知不觉中使你身心受到腐蚀而走向失败的路途。

人生的路有起有落，看待人生的起落顺逆应该用辩证的观点。居逆境固然是痛苦压抑的，但对一个有作为、能自省的人来说，在各种磨砺中可以锻炼自己的意志，修正自己的不足，一旦有了机会，就可以由逆向顺，振翅高飞。居顺当然是好事，但对于一个没有良好的品质和远大追求的人来说，优裕环境中往往容易堕落腐败，这和在清苦环境中的容易发奋上进的道理一样。一个人生活一优裕，就容易游手好闲不肯奋斗；相反，如果处在艰苦的环境中，就会"穷则变，变则通"。所以贫与富不是绝对不变的，顺与逆也是可以相互转化的。

老子告诫我们，当你遇到挫折时，切勿浪费时间去算你遭受了多少损失；相反的，你应该算算看你从挫折当中，可以得到多少收获和资产，你将会发现你所得到的，会比你失去的要多得多。踮起脚尖儿，又是另一条生命，另一种活法，另一番境界。

老子还说："名与身孰亲？身与货孰多？得与失孰病？是故，甚爱必大费，多藏必厚亡。故知足不辱，知止不殆，可以长久。"这是讲人的一生之中，名誉、名声和生命到底哪个更重要呢？自身与财物相比，何者是第一位的呢？得到名利地位与丧失生命相衡量起来，哪一个是真正的得到，哪一个又是真正的丧失呢？

也许一个人可以做到虚怀若谷，大智若愚，但是事事吃亏，总觉得自己在遭受损失，渐渐地就会心理不平衡，于是就会计较自己的得失，再也不肯忍气吞声地吃亏，一定要分辨个明明白白了。战友之间，同事之间是非不断，自己也惹得一身闲气，而所想到的也照样没有得到，这样，在他的心里一直都很不顺。

而在老子看来，一个人应该更看重的是自身的修养，而非一时一事的得与失。

春秋战国时期的子文，担任楚国的令尹。三次做官，任令尹之职，却从不喜形于色，三次被免职，也从不怒形于色。这是因为他心里平静，认为顺与逆和他没有关系了。子文心胸宽广，明白争一时得失毫无用处。该失的，争也不一定能够得到，越得不到，心里越不平衡，对自己毫无益处，不如不去计较这一点点损失。这样，在子文的人生中就全是顺境，没有逆境可言了。

【学堂总结】

顺不足喜，逆不足忧，顺中伏祸，逆中潜福，福祸相依，顺逆互伏。世间一切现象，都在对立中相调和。人生的路有起有落，要辩证地看待人生的顺逆，顺与逆可以相互转化，一切都在于心的妙用。

得意淡然， 失意坦然

【引子】

不自见，故明；不自是，故彰；不自伐，故有功；不自矜，故长。

——老子·第二十二章

不自我表现，所以高明；不自以为是，所以出色；不自我夸耀，所以能建立功勋；不骄傲自满，所以能够长久。

【专访】

世上总会有这样一些人，认为自己很聪明，自己的主意很好，自己的见解很正确，自己的能力很强。事实上，这是大多数人的盲区，看不到自己的缺点。人常常因为自己不够谦虚而受到惩罚。

老子告诉人们，不要主观，不要自满，不要骄傲，谦虚才能使人进步。谦虚是一个人内在修养的体现，骄傲张狂是一个人无知浅陋的体现。有时候低调谦虚是一种获胜的力量，而骄傲张狂则是胜利的障碍。

所以，智者常以谦虚、诚恳的说话做事方式打动人心，愚者则对人对事做骄傲张狂的姿态，使人们对之产生厌恶感。低调谦虚的人在遇到困难时往往会得到人们的同情和帮助，而骄傲张狂的人有了麻烦别人大多会隔岸观火不去理会。

老子还说："淡兮其若海。"意思是志得意满时应平淡如海，不可骄傲侮慢，仍须心谦身平，不狂妄，心体坦然不失人生之本，堂堂正正做人，踏踏实实做事。

东汉末年，何太后之兄何进有愤于十常侍弄权，欲请外兵入京诛杀他们。京城乃军机重地，藩镇军马照律不经宣诏不准进京，以防作乱。但出身屠家的何进见识浅，不谙此理，动了这念头。曹操知道后，对何进说："宦官之祸，古今皆有；但世主不当假之权宠，使至于此。若欲治罪，当除元恶，但付一狱吏足矣，何必纷纷召外兵乎？"曹操这话很有道理，一则天子不应让宦官拥有如此大的权力；二则要办他们的罪时，也只需把他们交给狱吏究罪就行了，不必要动用到外兵进京。何进不但不听曹操劝阻，反而猜忌曹操怀有恶意。曹操感叹说："乱天下者，何进也。"果然，由此演出董卓进京，淫乱内宫的悲剧。

天下乱始于何进，而何进在十常侍设下阴谋算计他时，不但不听部下的劝告，反而认为自己掌天下大权，无人敢奈何他。这就注定了他的灭亡。

掌天下大权是说明权力大而已，并不能证明自身的安全。相反，权力之顶峰，成了众欲之望，众矢之的，反而成为别人谋害的对象。

何进的结局就是这样。虽然袁绍、曹操各选精兵五百，命袁绍之弟袁术带领，亲自护送何进入宫，但宦官传太后懿旨，阻止袁绍兵将进去。何进就在太监们的围攻下被砍成两段，成了十常侍作乱的第一个诛杀目标。

何进的见识与他的出身有关。因妹妹入宫为贵人，生皇子辩，妹妹被立为皇后，何进由此平步青云，一下子成了大将军。他位于人臣之极，但却外强中干，头重脚轻根底浅，成不了大事。他看不到三步棋，只看见自己的权势和职位，以为有了权力，就有了一切，就进了保险箱，任何人都会拜倒在他跟前。这太自大了，死也死得不冤，他是死在己手。

得意时淡然，失意时要坦然。权、财、势大时，容易冲昏头脑，小看对手。在生活中，何进的权位，非一般人所有。我们可以从何进的教训中吸取的经验是，对待问题，应多思，慎虑，认真对待。不要以为有把握，或是已熟悉了，就可以轻视它。问题在未解决之前，即使是100%的把握，也应视为三成、四成的把握来考虑。事情是变化的，人与人，人与事之间的关系都会转过来。在关键的地方，错失一步，可能会全盘失去。故此，万事小心为上。得意时切不可忘形，淡然最重要；失意时切不可自我作贱，坦然最可贵。

得意之时淡然，意在不要太看中自己一时的胜利，躺在成绩上面睡觉而不思进取。而是仍要用真诚经营情感，用执着追求事业，用微笑面对磨难，用宽容善待人生，这样便会无忧无虑，路也会越走越宽阔。

失意之时坦然，意在失意逆事之时，不可自暴自弃，自我作贱，更不可自我绝望，而要处之坦然。常想想那许多现在还不如自己的人，则怨愤自然消除。坦坦荡荡心境平如水，少了得失之烦心，多了自乐之恬愉。但失意之时也不应不思进取，应在坦然面对失意的时候奋起。

人生得意的时候容易忘形，一忘形就不知道自己姓什么，于是恶念和恶行就会趁隙而入。

人生失意的时候容易失态，一失态就不知道自己的未来，于是消极和绝望就会趁隙而入。

人生多有曲折，得意之时不可忘乎所以，失意之时不可灰心丧气。按老子说的去做不会错。

【学堂总结】

谦虚是一种获胜的力量，骄傲张狂则是胜利的障碍。得意之时淡然，不要太看中自己一时的胜利而不思进取。失意之时坦然，不可自暴自弃，坦然面对失意而努力奋起。

管好自己的嘴巴

【引子】

大音稀声，大象无形。

——老子·第四十一章

最大最美的声音乃无声之音，宏大的气势景象似乎没有一定之形。

【专访】

最美的乐声，反而听起来无声响，最大的形象反而看不见行迹。这是"道"的至高境界，看似没有味道，其实却包含了一切味道。做人应该含蓄内敛，少说话是有道者的普遍特征。

当初，释迦牟尼在莲花池上，面对诸位得道弟子，突然拈花微笑，众人不解其意，而只有迦叶尊者领悟了佛祖的意思，他会心一笑，于是就有了禅宗的起源。

释迦牟尼拈花微笑，老子说"大音稀声"，这两位东西方高人真是殊途同归。它劝诫人们：为人宁可保持沉默寡言的态度，不骄不躁，宁可显得笨拙一些，也绝对不可以自作聪明，喜形于色，溢于言表。

陶觉说："出于身当言者，缓颊而陈；不当言者，卷舌而退。"就是说一个人懂得讲究说话艺术的人，一定是一个懂得如何做人的人。

所以说，人不可无缄口之铭！

在各种场合，能言善道的人，似乎拥有一件强有力的武器，占尽一切便宜。但是，成功的人，并非因为那一张嘴巴而成功。正如俗语所说"水能载舟，亦能覆舟"。很多人的失败，往往就是因为那张不能控制的嘴巴。事实上，上天赐予你说话的能力，但没教你说话的技巧。能说话和会说话是两件完全不同的事。前者是上天特别的照顾，而后者要靠后天的努力才可得到。

话说得太多意味着思路不清和信心不足。一个思路不清晰的人，很难让人信任。连自己的事情还没搞懂，如何帮助人家去做好事情？如果思路是清晰的，但话太多，表明这个人信心不足，其中信心不足的原因只有一个，他说的东西不像他所描述的那样好，他想尽力让人相信他的谎言。

一个说话随便的人，往往没有责任心。话多不如话少，话少不如话好，多言不如多知，即使千言万语，也不及一件事实留下的印象那么深刻。我们绝对要少说话，尤其当有比我们有经验的人在时。因为如果说多了，便是不打自招地露出了自己的弱点，也失去了一个获得智慧和经验的机会。说话要说得少而且说得好。因此，在我们人生中，有两种训练是不可少的，那就是沉默与优美而文雅的谈吐。如果我们没有机智的谈吐，又不会适时沉默，是很不幸的。我们常因说话而后悔，所以，当你对某事无深刻了解的时候，最好还是保持沉默！

少说话的人就能静静地思索，使自己说出来的话更为精彩。

说话不容易，然而语言又是人与人之间沟通的桥梁。因此，要能达到双方沟通的效果，说话就必须有要领，否则就会有"做人难，难做人"之苦。那么，应该如何说话呢？

（1）言必契理。有的人见到老农老圃，就说如何种植稻谷菜蔬；见到商人，就说出一套生意经；见到工人，就说各种工巧技艺。这表示其说话能契合听者之意。契机固然必要，不过最重要的还是要言论能够合理、也就是契合道理。

（2）言可承领。这是说所有的言论，要让别人能接纳领受。如何让别人接受我们的言论呢？这就是要多说好话，不要吝于赞美。此外，即使说好话也要能适时适地，简单明了，让人生起欢喜心，而接受我们的美言。否则，有好话不能使人承意领受，岂不可惜！

（3）言则信用。言而无信，如何立身？所以，说话要有信用。我们一生说话童叟无欺，不虚伪，能让人相信我们的言论，其人格必为人所肯定。

（4）言无可讥。这是说我们所说的话要圆融，面面俱到，令人无懈可击。要慎言，不可强不知以为知而随意发言，让人有讥讽的口实。什么话可以让大家接受、欢喜而不讥评呢？给人信心、给人欢喜、给人希望、给人方便的言论，则能不为人所讥讽。

不管一个人说得多好，你要记住：当他说得多的时候，终究会说出蠢话来。所以，一个人最可贵的才能是：管住自己的嘴巴，在用一个词就能说清楚的地方绝对不用两个词。

【学堂总结】

很多人的失败，往往是因为那张不能控制的嘴巴。话多不如话少，话少不如话好，多言不如多知。一个人如果没有机智的谈吐，又不会适时沉默，是很不幸的。

损益相生，学会取舍

物或损之而益，或益之而损。

——老子·第四十二章

事物的规律，有的被损害反而得益，有的受益反而被损害。

【专访】

老子认为，一切事物，有时减损它反而使其增益，有时增益它反而使其受到减损。损、益是对立统一、如影随形的。此损则彼益，此益则彼损，有所失必有所得，有所得必有所失，损益相伴而行，损中有益，益中有损。

既然损、益相生，那么是否我们在损、益面前就无能为力了呢？并非如此，因为人有思想，人会思考，人有智慧。

《国史补》中记载，渑池道中有车载着瓦瓮，堵塞在狭窄的路上。当时正值冬季天气寒冷，冰雪盖路又陡又滑，使得出行的人们进退两难。天色渐渐暗下去，公家的和私人的旅客成群结队走来，数千车马拥挤在后面，人们被冻得手脚麻木，脸上露出了惊惧之色，只是眼睁睁地望着那些瓦瓮也毫无办法。这时有一个叫刘颇的旅客，催马赶来，问道："车上的瓮能值多少钱？"有人回答说："七八千。"刘颇立即打开包裹取出银子，将全部的瓮买下之后又推到山崖下。这时，车载轻了，车马加快了步伐，后面的车队也跟着前进了。大家松了口气，都对刘颇表达感谢之意。

刘颇在无可奈何的情况下，权衡利弊，当机立断地采取行动，以小损换大益的行为，在当今社会日趋激烈的竞争形势下是十分必要的。

在战争中，爱兵如子是所有将帅的美德，所以，损失士兵的事是统帅所不愿意做的，但有时为了获得战争的胜利也不得不作出牺牲，以小损换大益正是保存了士兵最大的利益。而作为经营者，也该有这种当舍则舍的将帅气概。

以小损而换大益是战争中的重要战术，这种重要战术又称为"损"战。"损"战在商战中同样适用。

商人做生意谋的是利，是为了让顾客在消费自己商品的同时带来利润。当每个顾客带来的利润有限时，尽可能多争取顾客就显得十分重要。欲擒故纵在争取顾客上效果通常十分明显，是一种有效的谋利手段。

从单一商品获利上来看，商人利用价格对比的差异，让出一部分利润，用低价商品吸引顾客。我们通常看到的打折、大减价、大甩卖等就是此类。

从整体商业利益上看，商人在做生意时牺牲一种商品的利润，从而带来其他商品的收益，例如，预付话费赠手机等。

无论采用什么方法，总之，"纵"出去的是为了更好的"擒"回来。

新中国成立前，烟台啤酒厂在上海各大报纸上刊登了一则启事：某日，"新世界"按正常门票价格出售门票，持门票进入"新世界"后，由烟台啤酒厂赠洗脸毛巾一条（上有"烟台啤酒厂赠"字样）。然后，游人可免费喝啤酒，喝酒多者，按前三名顺序分别予以重奖。消息传出，上海市万人空巷，人们争先恐后进入"新世界"。这一天，48 瓶一箱的啤酒被喝掉了 500 箱。上海市的各家报纸绘声绘色地报道了这次啤酒比赛的盛况以及获奖者的得意之态，整个上海为之轰动。

高明的商人会在付出和收获之间的对比上做文章、动脑筋。

以小损换大益！在各种利益得失之间，区分轻重缓急，作出正确取舍，更多的时候，丢"卒"保"车"就是一计良策！善于运用，才能够使我们逢凶化吉，趋利避害！

【学堂总结】

一切事物，有时减损它反而使其增益，有时增益它反而使其受到减损。有失必有得，有得必有失，损中有益，益中有损。做事要权衡利害得失，作出正确取舍。

祸福相倚要看透

【引子】

祸兮，福之所倚，福兮，祸之所伏。孰知其极？其无正。正复为奇，善复为妖。

——老子·第五十八章

灾祸呵，幸福就倚傍在它旁边。幸福呵，灾难就藏伏在它之下。谁知道它们的究竟？并没有一个定准！正忽而转变为邪，善忽而转变为恶。

【专访】

老子认为，祸和福这对矛盾，像一切对立的事物一样，是辩证的，在一定条件下也可能互相转化。

在福与祸这对矛盾关系中，要做到顺其自然，就得想得开，看得透。有时候想开点，看透些，就是福；想不开，看不透，就是祸。福也好，祸也罢，仅仅就是一念之差，别因一时冲动，毁了自家的幸福。

我们说，人生短暂，与浩瀚的历史长河相比，世间的一切恩恩怨怨、功名利禄皆为短暂的一瞬。况且，有时候，恩和怨，喜和悲，功名利禄和一介草民的转换，也许就在那么一瞬间。面对恩恩怨怨，喜喜悲悲，潮起潮落，我们还有什么好计较的呢？我们还分不清哪是福，哪是祸吗？

所以，老子说："祸兮，福之所倚，福兮，祸之所伏，"大可不必太在意人生历程的幸与不幸。不以物喜，不以己悲，只要悟透了其中的道理，便会豁然开朗。

可是，我们所处的世界——车水马龙、霓虹闪烁、香车美女、别墅洋楼、鱼翅燕窝、鲍鱼熊掌……在这样一个充满诱惑的时代，面对这一切，人们便不由自主地浮躁起来。似乎我们什么都想得到，似乎这些在我们心中是最美的。但我们的心灵呢？

我们应该让它安静下来，还它美丽。

三伏天，禅院的草地枯黄了一大片。"快撒些草籽吧，好难看啊！"徒弟说。"等天凉了，"师父挥挥手，"随时。"

中秋，师父买了一大包草籽，叫徒弟去播种。秋风突起，草籽飘舞，"不好，许多草籽被吹飞了。"小和尚喊。"没关系，吹去者多半中空，落下来也不会发芽，"师父说，"随性。"

撒完草子，几只小鸟即来啄食，小和尚又急了。"没关系，草籽本来就多准备了，吃不完，"师父继续翻着经书，"随遇。"

半夜一场大雨，徒弟冲进禅房："这下完了，草籽被冲走了。""冲到哪儿，就在哪儿发芽，"师父正在打坐，眼皮抬都没抬，"随缘。"

半个多月过去了，光秃秃的禅院长出青苗，一些未播种的院角也泛出绿意，徒弟高兴得直拍手。师父站在禅房前，点点头："随喜。"

在这个故事中，徒弟的心态是浮躁的，常常为事物的表面所左右，而师父的平常心看似随意，其实却是洞察了世间玄机后的豁然开朗。

其实，能够影响我们的不是事物本身，而是我们对待事物的态度。我们对待事物的正确态度应该是：平和沉静，脚踏实地；不以物喜，不以己悲。

不以物喜，不以己悲，人生随缘。范仲淹在《岳阳楼记》中写道："不以物喜，不以己悲；居庙堂之高则忧其民，处江湖之远则忧其君。是进亦忧，退亦忧。然则何时而乐耶？其必曰'先天下之忧而忧，后天下之乐而乐'乎！""先天下之忧而忧，后天下之乐而乐"已成为历代仁人志士崇高忧乐观的精辟概括。而"不以物喜，不以己悲"这一句，在忧喜这对矛盾关系的处理上，也可以达到顺其自然、"难得糊涂"的境界。

范仲淹记岳阳楼，一为重修岳阳楼，更为劝老朋友滕子京。滕子京当年作为改革派人物受诬被贬到岳州，心中愤愤不平。范仲淹便借记岳阳楼，把规劝之言和自己的生活态度自然艺术地表达出来。所谓"不以物喜，不以己悲"，就是说人的忧喜情绪不因客观景物美好而高兴，也不因个人境遇不佳而忧伤，而应顺其自然、豁然、超然。

一般人难以做到"不以物喜，不以己悲"。因为人毕竟是有情有欲、不可能受客观外界干扰而无动于衷，也不可能受到不公正的待遇还麻木不觉。只是要在客观外界向自己压迫而来时，能够慨然以对，洒脱些，想开点，看远点。

"不以物喜，不以己悲"，不是随心所欲，跟着感觉走，要怎样就怎样，无拘无束无节制，而是要懂得掌握一个"度"。凡事都要有个限度和分寸，过了那个限度和分寸就会走向另一个极端。追求自由人性和放纵自我之间只是一步之隔、一念之差。忧愤过度会导致对现实不满，进而伤害他人，损害社会公德；无限制地"享受生活"，就会堕落，就算不会堕落，也不利于养生。所以，过忧过喜都有害于人的身心健康。

忧也好，喜也罢，有时在客观环境不变，或变化比较小的情况下，就得靠主观调节，努力减少忧虑，多寻找一点快乐。把目光放远些，不要为眼前的境遇所困扰所压倒；不要被蝇头小利所诱惑，所腐蚀，做一股"浅浅水"，让它"长长流，来无尽，去无休"。

【学堂总结】

祸兮，福之所倚，福兮，祸之所伏。面对福与祸，要顺其自然，想得开，看得透。不以物喜，不以己悲，悟透其中道理，自会豁然开朗。

消祸患于未萌之时

【引子】

其安易持，其未兆易谋，其脆易判，其微易散。为之于其未有，治之于其未乱。

——老子·第六十四章

局势安定时容易维持，事情没有露出苗头时容易筹谋，事物脆弱时容易消解，事情微小时容易散除。要在事情还没有发作时处理它，要在局势还没有动乱时治理它。

【专访】

我们常说要见微而知著，要善于发现问题的先兆，把问题和动乱解决在萌芽状态。老子的这个智慧可以活用到我们的现实生活当中。

比如，当我们的爱已经不再存在，当两个人爱的火焰快要熄灭的时候，当婚姻即将破裂的时候，这已经到了最坏了。但是我们可以想一想，它总归有一个前因后果的，总归有一个渐变的过程，总归有一个由小到大，由轻到重，由朦胧到渐明的这样一个进程。老子的智慧教导我们，要及早的发现婚姻中的问题。

比如，谈到婚姻的转折，最常听到的一句便是"七年之痒"。其实，现代人的婚姻，往往等不到 7 年，便已"痒不可支"。激情的厮守是否变成无味的相对，甚至最终分手？作为当事人并非完全不可把握。有先见之明的人，能调整好自己的心态，去认真面对和把握，可以说，这才是避免婚姻危机产生的重要秘诀。看下面这个故事。

张某的苦恼，他的妻子杨某从来不知道。张某是个爱面子的男人，在同事和朋友面前，他永远会扮成婚姻幸福的样子。但其实他对这桩婚姻从来没有满意过。"我知道她很爱我。但是，真的，我经常觉得很不舒服。"

不快乐的种子其实早就埋下了。杨某与张某是多年邻居，自情窦初开时便恋上对方，经过 10 年坚持不懈的等待，终于等到他来求婚。然而真相是，答应结婚并不是因为他终于爱上了她，而是觉得无法不给杨某一个交代。

杨某在别人眼里看来，并无什么明显的缺点。温柔、勤快、苗条，有着一份体面的工作，而且极爱张某。或许她唯一欠缺的便是对丈夫不了解。"她自己非常爱我，就认为我一定也非常爱她，因此就觉得我们之间不会有任何问题。她一点都不知道，其实常有异性对我表示好感。"张某对此很郁闷。

"晚上回家，我喜欢看看碟片，结婚前她经常陪我看，结婚后起初还看看，后来便只顾着自己看电视了。其实我一个人看碟片很寂寞，而且看完了总想谈谈感觉，但一看到她赖在沙发里看肥皂剧的样子，就觉得懒得讲话了。"

3 年看似美满的婚姻之后，张某的医院新来了一位女同事，不漂亮，又因为太瘦太苍白而显得不够健康，但是张某动摇了。"你知道吗？我看过的所有电影，她都看过。我们常在 MSN 上聊电影，一聊就是一两个小时。"张某说。

杨某就像很多具有灵敏本能的妻子一样，及时发现了丈夫的异常。她向丈夫哭诉，又去找那所谓的"第三者"谈话，甚至每天去张

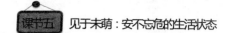

某的医院接他下班。一番折腾之后，以那位女同事辞职走人收场。而杨某以胜利者的姿态，回到了沙发上，继续着她的肥皂剧之旅。

乍似一切归于平静，对方罢手，紫气东来，但所有人都可以预见，虽然这一次杨某留住了丈夫，她还会遇到下一次，再下一次，直到丈夫彻底没有了内疚感，直到丈夫彻底地爱上了别人。

问题出在哪里？第三者的出现？不，问题出在那段平静的日子里。太多人一直到婚姻已经病入膏肓才急忙想着补救。其实婚姻就像一只桃子，当表面坏了的时候，里面已经烂了。

永远都别认为你的婚姻绝对不会出问题。当你这样想的时候，问题已经很有理由出现了——由于你的忽视。

【学堂总结】

事情没有露出苗头时容易筹谋，事物脆弱时容易消解，事情微小时容易散除。要消除祸患，就要能见微知著，善于发现问题的先兆，把问题和动乱解决在萌芽状态。

最困难的时候要挺住

【引子】

> 民之从事，常于几成而败之。
>
> ——老子·第六十四章

人们做事情，常常失败于将要成功之际。

世上，很多人都有成为圣人的远大理想，他们也确实为之奋斗了，可是，最后的成功者却寥寥无几。究其原因，是他们缺少了"最困难的时候坚持住"的精神。

美国著名教育家戴尔·卡耐基原本是一个很普通的人，而且曾经很自卑，但他后来终于觉醒了，依靠自己不懈地奋斗改变了命运。

卡耐基出身贫寒，从小就要帮助家里干活。为了赚取必不可少的学费，他还经常给人家干活。但他不肯向现实屈服，总想寻求改变命运的途径。他发现，学校里有两种人最受重视：一种是体育出色的人，如棒球队员；另一种就是口才出众的人，如在演讲赛中的获胜者。他选择了后者，决心在演讲方面下工夫，争取在比赛中获胜。

卡耐基勤学苦练几个月，但在演讲赛中一次又一次失败了。屡次失败，让他痛苦不堪，他甚至想到过自杀。然而，他终究不肯认输，又继续努力。次年，他开始获胜了。这个突破，为他以后的事业打下了基础。

人们做事常常失败于成功之时，因而坚持尤为重要，一位演讲与交际界的世界大师，当初竟然也在演讲赛中屡遭失败。这个迥异的反差说明，古今中外，众多的成功者并不是依赖好运气，而是得力于他们在挫折面前敢于咬牙坚持下去的精神。

作为一个想要有所作为的人，难道说你宁可永远后悔，也不愿意试一试自己能否转败为胜？然而，我们却常常在不该打退堂鼓时拼命打退堂鼓，因为恐惧失败而不敢尝试成功。

人们做事往往在快要成功时失败了。成语"功败垂成"就出自这里。为什么往往功败垂成呢？说穿了，就是恒心毅力不够，在"黎明前的黑暗"那紧要关头退却了，败下阵来，不能"将革命进行到底"。

一个成功者曾说："胜利的希望和有利情况的恢复，往往产生于再坚持一下的努力之中。最艰难之时坚持最后 5 分钟，事情可能就会有转机。社会上的失败者，大多数不是由于没有能力，而是因为没有坚强的意志。这样的人，做事有头无尾，永远怀疑自己能不能成功，难以抉择自己该干哪一件事。"

所以，平庸和杰出的不同之处，就在于能不能持之以恒，坚持下去就是胜利，半途而废则前功尽弃。

【学堂总结】

很多人做事功败垂成，是因为恒心毅力不够，在紧要关头退却了，败下阵来。胜利的希望和有利情况的恢复，往往产生于再坚持一下的努力之中。只要坚持，事情可能就会有了转机。

做事要善始善终

【引子】

慎终如始，则无败事。

——老子·第六十四章

慎始慎终，就不会失败了。

【专访】

所谓"慎终如始"，就是指在做事上，不能只有一个很好的开头，还要有一个令人满意的结尾，不能给人留下一种有始无终、只重开始不管结果的印象。

大唐天子李隆基，因平定宫廷叛乱而登上九五之尊。他励精图治，在著名宰相宋璟、姚崇、张九龄的辅佐下取得了20多年"开元盛世"之辉煌，使唐朝走向最鼎盛的巅峰！

然而这位唐明皇却不能慎终如始，在成绩面前飘飘然起来，日益骄傲，故步自封，淫逸堕落，把儿媳妇杨玉环霸占过来，"承欢侍宴无闲暇，春从春游夜专夜"，"从此君王不早朝"。

他还爱屋及乌，连她的三个姐姐也都封为夫人，一切政事委托给口蜜腹剑的奸相李林甫和不学无术的冒牌舅子杨国忠。这二人狼狈为奸，把朝政搞得一塌糊涂，最终引发了八年之久的"安史之乱"，唐玄宗仓皇逃亡四川。多亏了郭子仪借来回鹘兵才平定了这场叛乱，但从此唐朝走向了日益衰败的下坡路，"安史之乱"是唐朝由盛而衰的转折点。

人们做事情，常常在快要成功的时候就失败。所以，老子告诫我们，如果人们在事情快要完成的时候，也能像开始的时候一样谨慎，那么事情就不会失败。所谓"行百里者半九十"，做一件事要善始善终，切勿在最后关头疏忽大意，否则就会前功尽弃。

感情也这样，人往往喜新厌旧，"这山望着那山高，不知哪山有柴烧。"很多男人热恋时甜言蜜语献殷勤，无所不用其极，一旦结了婚便失去了新鲜感、神秘感，一变而冷若冰霜，面目狰狞，动辄打骂，再也找不到婚前的如胶似漆、温情脉脉了。双方感情都不能慎终如始、始终如一，都发现对方变成了另一个极为讨厌的人，因而都把目光转向新的猎取目标。当今时代，物欲横流，世风日下，离婚率一天比一天升高，都是由于人心日渐浮躁了，感情上不能始终如一。

在工作中，有头无尾、虎头蛇尾的事也常常遇到。一些已布置的工作，没有反馈；有的事，只有出去的指令，没有"做得如何"、"结果如何"的回音。例如，很多工作，其实在年初就已列入计划目标。对于一个部门、一个单位来说，也已经有了1、2、3、4、5……的排序。问题在于，进入了第四季度，这些事、这些任务完成得如何？哪些已经完成了？哪些还没有完成？更重要的在于，离目标值还有多少距离？该如何接近目标，最终达标？正确的观念应当是，任何方针目标，都要有头有尾，有始有终。因此，我们一定要充分重视起来，咬住、盯住、抓住、抓紧、抓实、抓到位，在每年的最后一段时期再坚持拼搏一番。

面对激烈竞争，面对全面预算目标，面对完成年终任务的压力，我们只能认认真真、扎扎实实地把今年的方针目标全面、有效地实施好，为明年的工作打下一个坚实的基础，虎头蛇尾只会使工作越来越难做。

【学堂总结】

"行百里者半九十"，做一件事要善始善终，切勿在最后关头疏忽大意，导致前功尽弃。在事情快要完成的时候，也能像开始的时候一样谨慎，事情就不会失败。

无争才能无祸

【引子】

以其不争，故天下莫能与之争。

——老子·第六十六章

就是由于他不与人争来争去，因此，天下就没有人能与他竞争了。

【专访】

老子认为，一个人越是有私心，就越难以做自己；越想有所为，就越难以有所为。如果你与全国人去争国家，与全天下人去争天下，与所有领域中的人去争成败，结果必然是一无所获。你如果不与他人去争，恬淡无为，或许会有所得，不争之争反而天下莫能与之争。

在老子看来，最无争的，莫过于水了。水，具有滋养万物生命的德行。它能使万物得它的利益，而不与万物争利。就如古人所说："到江送客棹，出岳润民田。"只要能做到利他的事，就永不推辞地做。但是，它却永远还不要占据高位，更不会把持要领。俗话说："人往高处走，水向低处流。"它在这个永远不平的物质世界里，宁愿自居下流去包容一切。所以老子形容它，"以其不争，故天下莫能与之争"，以成大度能容的美德。因此，古人又拿水形成的海洋和土形成的高山，写了一副对联，作为人生修为的指标："水唯能下方成海，山不矜高自及天。"

《孙子》中说"夫兵形象水"。他认为最理想的作战方式应该像水一样，水中隐藏着巨大的力量，却没有固定的形状，视容器的不同而改变形状。所以，孙子以水喻兵，主张作战时要学习水的精神。他说："就像水没有固定的形状一样，打仗也不可能有固定不变的态势。需视敌人的态势自在地变换战略，方能掌握胜利之机。"因此，为将者首先要把握住大的原理，不可僵硬死板，墨守成规。需视情况的变化，灵活地运用原理，自由自在地变换我方的战略。具有这种灵活多变的伸缩性，那么在逃避对方攻击的同时，便能积极地积蓄自己的力量。就像水一样，虽然它具有往低处流的倾向，但是当它形成一股漩涡或急流时，再大的岩石，再粗的树干也都能轻易地冲走。

日本的围棋高手高川秀格，曾以"流水不争先"作为座右铭。他在围棋比赛时，将阵形布置成像水一样的悠散，不让对方感到畏惧。一旦开战，沉静的波澜立即发挥出所蕴涵的能量，迅速击溃对方的攻势，这就是灵活运用了"以其不争，故天下莫能与之争"的道理。

"以其不争"，绝非被动人生。现实人生中"以其不争是指大有为而小"无为"，貌似无为，实则有为，眼下无为，长远有为的一种生活哲学。可以说是百态人生中"曲径通幽"、"曲线有为"的做法。顺天意、顺时势、顺民心、顺人性，绝不是做被动状，完全把自己交给大自然，像原始人那样任自然摆布，由天养活，而是在顺应客观的同时，主动地、策略地、乐观地、自觉地去驾驭命运之舟，在人生的海洋中航行，正所谓"我就是我自己的上帝"。

在这方面，春秋时期的范蠡给我们做了很好的榜样。

范蠡是越王勾践的谋士，知识渊博，精通兵法，与孙子、张良齐名。他与当时另一个赫赫有名的谋士文种是辅佐越王勾践成为"春秋霸王"的两个关键人物。

范蠡与文种侍奉越王勾践，可谓辛勤劳苦，尽心尽力；经过20多年，最终灭掉了吴国，同时也洗刷了勾践会稽兵败、为吴王洗马的耻辱。

勾践称霸中原后，范蠡、文种都被封官，其中范蠡被封为大将军。但范蠡居安思危，视权势为祸害。况且他知道越王勾践为人心胸褊狭，"只可与之共患难，不可与之共安乐"，便坚决辞官不做，装上轻便的珍珠宝玉，和家人乘船而去，驾一叶扁舟，走三江，泛五湖，然后浮海到齐国，经营农业和商业，终生未回越国。

走前范蠡给大夫文种留下一封书信，劝他道："飞鸟尽，良弓藏；狡兔死，走狗烹；越王的长相是脖子长，嘴尖得像鸟，这样的人可以跟他共患难，但却不可以与他同欢乐，你应该离他而去！"

文种于是托病不再上朝，但没有听从范蠡的意见，离开越国。最终越王果然赐予文种一把宝剑，并且说："你教给了我四种讨伐吴国的计谋，我只用了三种，还有第四种你到先王那里用吧！"文种无奈，只得自刎于家中。

而范蠡呢，泛舟过海来到齐国后，自称鸱夷子皮，在海边耕作，从事商贸，没过多久，财产已经无法计数。齐国人都知道他的贤能，便要请他做丞相。范蠡却不肯，散尽财产，悄悄离去，来到陶地安居。陶地是天下的交通中心，贸易重地，他善于等待时机，贱买贵卖，每次只追求微薄的利润。没有多久，财产累计达到百万，富可敌国。从商的 19 年中，他曾经"三次掷千金"——三次散尽家财，又三次重新发家。

"谁解乘舟寻范蠡，五湖烟水独忘机"，范蠡与文种同为辅佐越王勾践成为"春秋霸王"的功臣，但两个人最后的命运却有天壤之别：一个成为天下巨富，与西施泛舟湖上，不亦乐乎；而另一个却是兔死狗烹、鸟尽弓藏，最后被迫自刎于家中。

这其中的关键，便是范蠡明白"无争才能无祸"的道理，不贪图高官厚禄；而文种对自己的权势富贵还恋恋不舍，最后连性命也丢了。

老子的"不争"并非目的，而是策略。正是这种"不敢为主而为客，不敢进寸而退尺"的策略艺术，使领导者能退而避免过错，保全自身；进而消解矛盾，乱中求治。"夫唯不争，故天下莫能与之争。"这种以退为进，以柔克刚，以屈求伸生存哲学，很有些现代心理学的自我心理保健的味道。老子这里的"不争"内容很广泛，包括不争长短，不争高下，不争是非，等等。

真正修养深厚、庄矜自重的人，不与人争长叫短，因为他们把自身的优势，向内变成为一种人格涵养，向外变成为一种不屑计较的态度。宋代宰相富弼年轻时，有人告诉他：某某骂你。富弼说：恐怕是骂别人吧。这个又说：叫着你的姓名骂的，怎么是骂别人呢？富弼说：恐怕是骂与我同名字的人。据说，那位骂他的人，听到这事以后，自己惭愧得不得了。为什么惭愧呢？因为与自己一比，富弼人格庄矜自重的优势太突出了。

因此，矜而不争，是一种高度的自信、高度的自尊，是在人格价值上超越对方、压倒对方。

当然，"矜而不争"是有条件、有场合、有限度的，它并非要求人在任何情况下都绝对不争以致甘受欺侮。因此，所谓"矜而不争"，不仅只是自己自尊自重的一种处世态度，而且也要有事实与优势地位，不然，矜无所矜，就成为阿 Q，成为懦夫了。那也不是我们所要修养的内容。

与人无争，就能亲近于人；与物无争，就能育抚万物；与名无争，名就自动到来；与利无争，利就聚集而采。

【学堂总结】

不与他人争，或许会有所得，天下就没有人能与他竞争。不争能保全自身，消解矛盾，乱中求治。无争才能无祸，处世要做到与人不争长短，不争高下，不争是非。

安而不可忘危

【引子】

祸莫大于轻敌，轻敌几丧吾宝。

——老子·第六十九章

祸患没有比轻敌更大，由于轻敌几乎丧失了我的"命宝"。

【专访】

在《尚书》里有句话："居安思危，思则有备，有备无患。"《汉书·息夫躬传》有言："天下虽安，忘战必危。"商人李祖理说："精理精勤。竹头木屑之微，不名当于用，业以日起，而家遂烧。"

做人办事应居安思危，处乎其安，不忘乎其危。少一些安乐，多一份忧患，将使人生进入佳境。只有凡事小心谨慎、如临深渊，才能高瞻远瞩，运筹帷幄。

当事业突飞猛进时，应保守稳重，处进思退；当事业陷入危机与低谷时，应告诫自己不要消沉下去，积极进取，争取再创辉煌，这样的人才有望把事业做大。

小心谨慎不是放不开，更不是畏惧、退缩。事业步入低谷时，人们往往会走入过度保护自己的误区，除了造成决策思想放不开之外，还会给个人精神上带来巨大的压力。

古人说：富贵如刀兵戈矛，稍放纵便销膏靡骨而不知；贫贱如针砭药石，一忧勤即砥节砺行而不觉。《易经》中说："君子，存而不忘亡，治而不忘乱，是以身安而国家可保也。"安而不可忘危的道理对经商来说也是非常重要的。在困境里很多人往往能刻苦奋进；而当步入佳境、事业顺利、百事亨通时，反而忘乎所以。原因就在于，面对前者创业者能兢兢业业，小心翼翼；对待后者，往往放松警惕，造成失误、导致失败。

在现代竞争激烈的商业社会中，一个企业即使取得商业领袖的地位，也不能高枕无忧，安于现状，而要密切注视市场动态，居安思危，不断开发和创新，这样才能巩固自己的产业领袖地位。

美国的吉列公司是以生产剃须刀而闻名世界并大发横财的企业。可是它就因为没有居安思危，高瞻远瞩，在公司发展的历史上曾受到沉重的打击。

1961年，剃须刀的制造工艺领域内出现了一场具有划时代意义的革命——英国的威克逊公司在世界上第一次采用不锈钢材料制造剃须刀片获得成功，推出了人类有史以来第一把不锈钢剃须刀片。

不锈钢刀片的异军突起，给吉列拉响了警报。显然，不锈钢刀片市场份额的扩大，严重影响了吉列的市场地位。

此时，吉列公司要么立即推出自己的不锈钢刀片，这样可以满足吉列已有的广大市场，并且不需要用太多的促销费用。但这样做，将会对原有产品"超级蓝光"的市场造成强烈冲击，甚至要放弃"超级蓝光"，因而需要很大的决心和勇气。

吉列的决策者们经过分析，错误地认为自己在刀片市场的地位不会被动摇。于是，他们不理睬不锈钢刀片，全力巩固自己的"超级蓝光"的市场地位。

后来事实证明，这是一个极端错误的决策。在吉列的决策作出后不久，事态的发展便急转直下，令吉列的决策者们瞠目结舌。不锈钢刀片在市场上的销售势头空前凶猛。完全剃刀公司和精锐公司充分利用吉列无动于衷的大好时机，投入巨额促销费用，大力宣传不锈钢刀片的经久耐用，物美价廉，使不锈钢刀片的销售不断升温。

在强大的促销攻势下，吉列的新老顾客纷纷叛离，投入了不锈钢刀片的怀抱。吉列的"超级蓝光"碳钢刀片的销售量急剧减少，市场份额降至吉列有史以来的最低点。

如今，40余年过去了。在这期间，世界剃须刀片市场上龙争虎斗，几经沉浮，虽然吉列还是牢牢占据了市场的霸主地位，但那次大伤元气的痛苦教训是深刻的。

在大千世界中，任何事物都要竞争。当今世界是一个充满竞争的残酷世界，每个人都可能会随时被击倒而成为输家。老子的"祸莫大于轻敌"的提醒，可以让我们树立忧患意识和危机感，懂得居乐思悲，居安思危，居福思祸，在忧患中生存和发展。

【学堂总结】

居安思危，思则有备，有备无患。做人做事应居安思危，处乎其安，不忘乎其危。少一些安乐，多一分忧患，将使人生进入佳境。凡事小心谨慎、如履薄冰，才能高瞻远瞩，运筹帷幄。

课节六　抱朴守真：
荣辱不惊的名利取舍

人类本身有喜新厌旧的癖好，都喜欢焕然一新的感觉，不学会放弃就无论如何也无法焕然一新。一个人如果欲望越多，他就会变得越贪婪，一个永不知足的人是无法感受到幸福的。学会放弃也就成了一种境界，大弃大得、小弃小得、不弃不得。在生活中应该学会遗忘不如意的时候，学会放弃生命中可有可无的东西，心胸自会坦然。

快乐源于心灵的富足

【引子】

见素抱朴，少私寡欲。

——老子·第五十三章

保持纯洁的本性，减少私欲杂念。

【专访】

老子主张的恬淡寡欲，清净为上，对他的精神修养、情志调节起着很好的作用。他极力主张"见素抱朴，少私寡欲"，这本来是治国之道，后人发现用在养生上更为合适。一个人不要贪心追求名利，要寡欲清心，经常保持心通气畅、体泰神清的心理状态，自然可获得健身延年。老子还认为人之生难保易灭，气难清而易浊。只有节奢欲，才能保性命。会养生的人，一定要薄名利，禁声色，廉货财，损滋味，除佞妄，去妒忌。

人心不足蛇吞象，想想蛇吞象的样子，会是一种什么感受——咽不进，吐不出，要多别扭有多别扭。什么都想要，最后可能什么也得不到，反而一辈子将自身置于忙忙碌碌、钩心斗角之中。这样活着，未免太累！《论语》里说颜回"一箪食，一瓢饮，在陋巷，人不堪其忧，回也不改其乐。"如果少一些欲望，是不是也会少一些痛苦呢？

哲人说："当官为民，有钱没钱，其实都一样可以活得有滋有味，各有各的活法儿。一切都随时空的转移，个人的条件为依据。"功名利禄不必刻意去追求，官大五品，腹中空空，也是虚有官禄。"芝麻绿豆"一个，身怀绝技，照样誉满全球，悠哉快哉！

但是，人的欲求永远没有满足。功名利禄到手了，"七品"的还想闹个"六品"，有了"六品"想"五品"，有了"五品"又眼馋"三品"。于是就得巴结，拼命地巴结，只在"品"级上巴结，结果"人品"是巴结一级少一品，到头来累得精疲力竭。仔细品味品味，竟不知道人生是个啥滋味，一辈子不曾享受过真人生，也不懂得真人生，"活得真累"！

在功名利禄之上，"难得糊涂"，一切顺其自然，认认真真地做事，老老实实地做人，得则得，不能得不争；当得没得，不急不恼，不该得，得了，也不要，这才叫聪明人，活得轻松，悟得透彻。

有一个美国商人坐在墨西哥海边一个小渔村的码头上，看着一个墨西哥渔夫划着一艘小船靠岸。小船上有好几尾大黄鳍鲔鱼，这个美国商人对墨西哥渔夫能捕这么高档的鱼恭维了一番，还问要多少时间才能收获这么多。

墨西哥渔夫说，才一会儿工夫就抓到了。美国人再问，你为什么不待久一点，好多捕一些鱼？

墨西哥渔夫不以为然："这些鱼已经足够我一家人生活所需啦！"

美国人又问："那么你一天剩下那么多时间都在干什么？"

墨西哥渔夫解释："我呀？我每天睡到自然醒，出海捕几条鱼，回来后跟孩子们玩一玩，再跟老婆睡个午觉，黄昏时晃到村子里喝点小酒，跟哥儿们玩玩吉他，我的日子可过得充实而又忙碌呢！"

不戚戚于贫贱，不汲汲于富贵。美国人不以为然，帮他出主意，他说："你应该每天多花一些时间去抓鱼，到时候你就有钱去买条大一点的船。自然你就可以抓更多鱼，再买更多渔船，然后拥有一个渔船队。到时候你就不必把鱼卖给鱼贩子，而是直接卖给加工厂，然后自己开一家罐头工厂。如此你就可以控制整个生产、加工处理和行销。你就可以离开这个小渔村，搬到墨西哥城，再搬到洛杉矶，最后到纽约。在那里经营你不断扩充的企业。"

墨西哥渔夫问："这得花多少时间呢？"

美国人回答："十五到二十年。"

"然后呢？"

美国人大笑着说："到时候你就发啦！你可以几亿几亿地赚！"

"再然后呢？"

美国人说："到那个时候你就可以退休啦！你可以搬到海边的小渔村去住。每天睡到自然醒，出海随便捕几条鱼，跟孩子们玩一玩，再跟老婆睡个午觉，黄昏时，晃到村子里喝点小酒，跟哥儿们玩玩吉他！"

墨西哥渔夫疑惑地说："我现在不就是这样了吗？"

听了渔夫的回答，也许我们会吃惊，会一时无语。但是我们不得不重新思考这样一个很难回答的问题：我们到底在追寻什么？是快乐？是金钱？是幸福？其实生活是一种态度，一种心情，一种选择，一种状态，一种活着的方式。

同理，一个人要想得到什么，就应该先给予别人，帮助别人，使"既以为人己愈有，既以与人己愈多。"即使于声色滋味上，也是懂得物极必反，取舍有度："圣人之于声色滋味也，利于性（生）则取之，害于性（生）则舍之。"这就是道家提倡的"全生葆真"之道。

人总是会说活得很累。细究起来，生活中的累，除了体力之累，还有精神之累，欲望之累。欲望的满足不是满足，而是一种自我放逐，欲望会带来更多更大的欲望。

其实，从生活的价值来说，能够体味人生的酸甜苦辣，做过了自己所喜欢的事，没有虐待这百岁年华的生命，心灵从容富足，就可以安心了。

【学堂总结】

见素抱朴，少私寡欲，乃养生之道。心灵从容富足，则在富在贫，

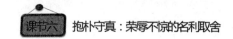

皆足安心。不贪心追求名利，寡欲清心，经常保持心态气畅、体泰神清的心理状态，自然可获得健身延年。

大肚能容天下事

【引子】

知常容，容乃公，公乃全。

——老子·第十六章

能够认识自然规律的人是宽容的，宽容就会公平，公平就能无所不包。

【专访】

宽厚待人，容纳非议，乃事业成功、家庭幸福美满之道。事事斤斤计较、患得患失，活得也累。所以，老子说："知常容，容乃公，公乃全。"学会生活，学会宽容。

道家、儒家、佛家，都主张宽容。例如，有这么一句话："大肚能容，容天下难容之事；开口便笑，笑天下可笑之人。"凡有弥勒佛的寺庙里，我们经常可以见到这副对联。这副对联，就是讲度量的，人能达到能容天下万事万物的度量，其思想便是进入"禅"的高层境界了。度量，是对他人长处、短处和过错的一种包容。度量大，能得人心、团结人、纳众谋，以成其强大，对创造和谐的工作环境，十分有益。

弥勒佛。中国民间普遍信奉的一尊佛，其肚大过人、笑容满面的形象给人有益的启迪。有首打油诗写道："占便宜处失便宜，吃得亏时天自知。但把此心摆正直，不愁一世被人欺。"内心正直、胸怀雅量，才能包容万物，才能以美好善良之心看待万物。

宽容在人际交往、朋友关系、婚姻关系中发挥着不可替代的功效。

（1）宽容是人际关系的润滑剂，真诚地宽容他人的过失，能够减少人与人之间的摩擦，改变人的精神状态，使人处在祥和、幸福的氛围中。

（2）友谊也需要宽容来保持新鲜，当我们在朋友有了过失，或是对自己犯了错误的时候，我们应给予朋友最大的关怀、最无私的谅解。如此，我们会因为宽容了朋友，自己的感觉也很好。

（3）在婚姻关系中，无私地宽容对方的过失，能够增进亲密关系，使婚姻生活更加和谐，家庭生活更幸福。试想，若有人爱你，而不计较你的错误，甚至你做错了事情他也接纳你时，你无法不更爱他。

（4）宽容可以把亲人之间的敌视、嫉妒、不满和愤恨等，统统逐渐溶化。

生活中我们可能会遭到别人的误会甚至伤害，对此如果一直耿耿于怀，就会对我们的生理和心理健康都不利。反之，忘记和宽容那些事、那些人，则对我们的健康大有益处。实验表明：人在记仇怀恨时，心跳会加快，血压会上升，而在心怀慈悲、宽容"仇人"时，心跳会减慢。

那么，如何才能拥有一颗宽容之心呢？

（1）凡事不计较。不如意的事来临时，泰然处之，不为所累；受人讥讽，不要睚眦必报；学会吃亏，便宜让给别人；多看别人的优点，少盯着别人的缺点。

在交往过程中，人和人之间难免会有一些摩擦，正如一首歌中所唱的那样"勺子总会碰锅沿，脚板总要擦地皮"，但是请记住"在这小小的天地里，我们大家生活在一起"，既然如此，还有什么大不了的事总是耿耿于怀呢？要知道没有度量的人，是干不出什么事业，成不了什么气候的。

（2）忍耐。对同事的批评、朋友的误解，过多的争辩和"反击"实不足取，唯有冷静、忍耐、谅解最重要。相信这句名言："宽容是在荆棘丛中长出来的谷粒。"能退一步，天地自然宽。

（3）洞察。世界由矛盾组成，任何人或事情都不会尽善尽美。无论是"患难之交"、"亲朋好友"，还是"金玉良缘"、"模范丈夫"，都是相对而言的。他们的矛盾、苦恼常被掩饰在成功的光环下，而掩盖的工具恰恰是宽容。不必羡慕人家，不要苛求自己，常用宽容的眼光看世界，事业、家庭和友谊才能稳固和长久。

（4）原谅别人的过失。面对别人的伤害，有的人选择了逃避，有的人选择了怨恨，有的人则极端地选择了报复。为何不选择宽容呢？

宋朝的王安石和司马光，年轻时都曾在同一机构担任一样的职务。两人互相倾慕，司马光仰慕王安石绝世的文才，王安石尊重司马光廉洁、谦虚的人品，在同僚中，他们俩的友谊简直成了某种典范。

王安石和司马光的官愈做愈大，心胸却慢慢地变狭，相互唱和、互相赞美的两位老朋友竟因为互不相让而结怨，反目成仇。

有一回，洛阳牡丹花开，包拯邀集全体僚属饮酒赏花。席中包拯敬酒，官员们个个善饮，自然毫不推让，只有王安石和司马光酒量极差。待酒杯举到司马光面前时，司马光眉头一皱，轮到王安石，王安石执意不喝，全场哗然，酒兴顿扫。司马光大有上当受骗被人小看的感觉，于是喋喋不休地骂起王安石来。王安石以牙还牙，二人打起嘴仗。

自此，两人结怨更深，王安石得了一个"拗相公"的称号。司马光也没给人留下好印象，他忠厚宽容的形象大打折扣，以至于苏轼都骂他，给他取了个绰号叫"司马牛"。

司马光（1019～1086），字君实，北宋时期著名政治家、史学家、散文家"拗相公"的拗性和"司马牛"的牛脾气更激化了他们的冲突。王安石作为"敢为天下先"的改革派领袖，根本不把司马光放在眼里。司马光也不是好惹的，他又是上书，又是面陈，告了"拗相公"的御状。罪状之一是"不晓事，又执拗"；罪状之二是拉帮结派，利用皇帝给予的特殊权力，拉拢了一帮江西人士。结论是：此人不是良臣，而是贼民。一直把王安石搞下了台，司马光才罢休。

到了晚年，王安石和司马光对他们早年的行动都有所后悔。大概是人到老年，与世无争，心境平和，世事洞明，可以消除一切拗性与牛脾气，而达到谦和的境界。王安石曾对侄子说，以前交的许多朋友，都得罪了，其实司马光这个人是个忠厚长者。司马光也称赞王安石，夸他文章好，品德高，功劳大于过错。

世上人与人之间的矛盾升级，主要在于双方不肯宽容。宽容是一种非凡的气度，一种宽广的胸怀，更是一种高贵的品质，一种崇高的境界。古人有云："人非圣贤，孰能无过，过而能改，善莫大焉。"人生在世，可以说天天都在犯错误，只不过轻重不同而已。

宽容绝不意味着放纵、纵容、偏袒与迁就。宽容错误绝不是纵容对方犯错，更不是对对方的错误视而不见，听而不闻，不管不问，而是需要用一颗平常心去对待，对其正确引导，给予其改过的勇气与机会。

不要再为鸡毛蒜皮的小事斤斤计较。但是，对于大是大非的问题，不该包容的就不能包容，否则，就会演变为包庇。无论对于自己还是别人，过分的包容不仅不会解决问题，反而会引来对方得寸进尺。任何事情都有个度，过犹不及，就是这个道理。

【学堂总结】

内心正直、胸怀雅量，才能包容万物，才能以美好善良之心看待万物。做人有一个快乐的法则就是有宽容心。宽容是一种非凡的气度，一种宽广的胸怀，更是一种高贵的品质，一种崇高的境界。

随缘生活， 随心自在

【引子】

道常无为，故无不为。侯王若能守之，万物将自化。

——老子·第三十七章

道永远什么都不做，但却无所不在。如果王侯能把握它，万物都会自然发展。

【专访】

随缘自在，道在心中老子对宇宙万物的认识基于"道"，他认为整个宇宙万物是浑一的，因此也就无所谓分别和不同，世间的一切变化也都出于自然，人为的因素都是外在的、附加的。所以，不要把自己人为的和世上万物分开。人即自然，自然是人的本性，物就是我，我也是物。得"道"的人从不堕入物我两分的困境。

既然人即自然，那么就要遵循自然的规律。而自然的规律是不以人的意志为转移的，所以，我们无须去刻意要求什么，而要一切随缘。

何为随？随不是跟随，是顺其自然，不怨恨，不躁进，不过度，不强求；随不是随便，是把握机缘，不悲观，不刻板，不慌乱，不忘形；随是一种达观，是一种洒脱，是一份人生的成熟，一份人情的练达。

顺其自然，不怨尤、不急躁、不冒进、不强求、不悲观、不慌乱，这便是随缘。大千世界芸芸众生，可谓是有事必有缘，如喜缘，福缘，人缘，财缘，机缘，善缘，恶缘等。万事随缘，随顺自然，毫不执着，这不仅是哲人的态度，更是我们快乐人生所需要的一种精神。

苏轼《定风波》词里有句："试问岭南应不好，却道，此心安处是吾乡。"品味此句，有一种意态自足的淡然，惹得多少后人喜欢。想来，苏轼作过那么多诗词，最可心最入耳的还是"此心安处即吾乡"。单是这一句，便成就了他，诗人之外还是哲人。

在那么多的古人里，苏轼是难得的一位通达智者。即使贬官海南，他也没有痛苦绝望过。身体的漂泊固然愁苦，可是倘若有一颗安定平和的心，那么在这世界上，就绝不孤凄。他不需要别人来为他营造一种家的氛围，而是靠内心的温暖，找到了许许多多世俗家庭中都没有的勇气与温馨。

随遇而安，随缘生活，随心自在，随喜而作，这是生活的智慧。若能一切随他去，便是世间自在人。我们生在人世间，必须得学会接受现实，虽然有时候现实很残酷。我们要学会随缘一世，才能活得自在。

在这个世界上，凡事不可能一帆风顺，事事如意，总会有烦恼忧愁而不顺心的事时常萦绕着我们，那该如何面对呢？"随缘自适，烦恼即去。"其实，随缘是一种进取，是智者的行为。

许多人都有这种愿望：有生之年，顺顺利利地度过每一天。可现实却是残酷无情的，它常会猝不及防地给我们一击，把我们伤得很深、很痛，让我们一时不知所措。这就要求我们学会自我调节，学会适应环境，学会随遇而安，化解一切不幸和痛苦。

世事难料，人生变幻。也许你苦心经营的事业会被突如其来的一场灾难毁于一旦；也许你正精心安排着你的前程，精心设计着你未来的美好蓝图，一场大病却彻底改写你的人生；也许你本来就体质虚弱，你想实现壮志雄心，却是力不从心；也许你激情满怀，理性不足，盲目投资，你不仅惨败，不经意间还花去你 10 年青春，让你彻底感受人生的无奈。在这个关键的时刻，你更需要有随遇而安的心态。随遇而安是对挫败者的一剂良药，是人生的另一种坦荡，是一种成熟后的胸怀。

随缘是一种人生态度，高超而豁然，是不容易做到的。一切随缘，多么洒脱的胸怀，看穿眼前的浮云，把人生滋味咂透。

【学堂总结】

随遇而安，随缘生活，随心自在，随喜而作，这是生活的智慧。随缘是一种达观、一种洒脱、一份人生的成熟、一份人情的练达。我们生在人世间，必须得学会接受现实，学会随缘一世，才能活得自在。

生命之重， 名利之轻

【引子】

名与身孰亲？身与货孰多？得与亡孰病？是故，甚爱必大费，多藏必厚亡。

——老子·第四十四章

对我们来说，名誉与身体哪个对我更值得亲近呢？身体与财富哪个对我们更重要？以上几种失去哪个对我们更不利呢？所以，执着于名利，必会耗费心力去追求，而积藏的东西越多，失去的也越多。

【专访】

人们都说功名利禄，功名利禄是什么东西？学过物理学的人都知道万有引力，人为什么不能飞起来，人为什么不会轻功，这是引力的作用。在人组成的社会里面，功名利禄就是万有引力。有一些人为了功名，为了利禄不顾一切，瞬间被吸到地狱里面去了。

所以，老子提出这样的问题：名誉和身体哪一个离你更近？生命和财富相比哪一个更重要？当然生命更重要，可以为了生命不要那个名，不要那个利，为了那个利牺牲自己的生命是没有意义的。

某位杰出企业家说，他的养心之道主要体现在三个方面：

一是重人。注重内心的自我平衡，平衡的心理带来了心灵上的平静。作为企业家，每天要处理的事情很多，完不成，烦恼就不断，怎么解决？这就是要靠自身的意、气、劲。以意带气，以气带劲。掌控自己的情绪、平和自己的心情。水平再高，高不过勤劳；本事再大，大不过人和。一切事在人为，平和的心态带来了健康，也带来了欢乐。

二是顺道。思想要开放，顺乎自然之道。要放开思想，天马行空，又要放轻松，不要总钻牛角尖。最能让人佩服的人是能拿得起，放得下的人。一个人有了开放的思想，博大的胸襟，容纳天地的肚量，健康状况自然不言而谕。

三是求和。和是顺和、竞和也是祥和、平和。这就是健康问题。没有了精神，也就没有一切。科学发现人体的细胞都是跟着人的精神状态来发展的。每个人有什么样的精神状态，他的身体状况，就会有什么样的发展。

除了上面的三部分内容，这位企业家还有自己的饮食、锻炼及保健方法。规律的生活，会使好的更好。有了前三点，已达到最高境界，自然而然地就会去注重运动保健。

很多人为了事业，玩命工作，虽然已经拥有几辈子都花不完的财富，有显赫的名声，但身体却垮了下来，有的甚至被累死。没有一个健康的身体，再蓬勃的事业、再幸福的人生又有何意义呢？

健康是生命的载体，生命依靠健康显示出一种活力。健康不是一切，但没有了健康也就没有了一切。

只知工作而不知休息的人会把自己搞得很忙碌，忙得没有时间关爱自己，连身体发出警讯提醒时，也因为太忙而被不经意地忽略，直到倒下来后才终于发出感叹：以前拼命去挣钱，现在拿钱来买命。牺牲自己的健康太不值得，身体一旦垮掉，没有了健康，什么成就，什么名声，什么财富，全部都是一场空。

一个人在世界上要想大有作为，必须"善待自己"，应该当心他那部成功的机器——自己的身体。

有许多人不知自爱，常常在无意识中损害自己、欺骗自己。他们出外办事时，总是饮食无定，有时竟一点东西也不吃，就是吃也不依照日常的时间。他们还总要剥夺自己睡眠和休息娱乐的时间。由于他们经常摧残自己的身体，不到40岁头发就已经渐白，身体也显出衰老的样子。他们竟然不懂得，要实现自己的雄心和志向，需要相应的体力与之配合。

许多人具有超群的天赋，却最终只获得了微不足道的成功，就因为他们不善保养身体这部机器。许多人到了晚年感到失望，甚至连年轻时希望的 1% 也不能达到，就是因为他们不好好保养自己的身体，所以也就毁灭了成功的可能。因为身体的原因，他们的生命光芒黯淡。

如果能够根据自己身体上的需要，给予适当的食物、充足的水分、新鲜的空气和阳光，就能为人体这部机器的正常运转提供能量。

在饮食和生活起居上，如果我们能应用自己的常识，维持适当的营养，过一种简单、有规律、有节制的生活，那么我们永远都不需要服药。

很多人为了节省金钱，便剥夺身体上应有的营养。他们往往很匆促地吞一块三明治，喝一杯牛奶，便算解决午饭问题，他们以为这样既节省时间，又节省金钱。殊不知，如果他们走进一家好的饭店，从容地进一顿美味而有营养的中餐，尔后休息片刻使身体能对食物进行充分地消化吸收，这才是大有裨益，这样做才是真正的"合算"。一个人剥夺能给予我们生命力、体力与智力的食物，无异于把一只能产金蛋的鹅杀死了。

健康的身体能够促进人们在工作上的努力，使得人们不断进步。许多人因为没有善待自己的身体，致使自己的机能减弱、能力丧失。

　　睡眠和营养的不足、户外运动的缺乏、工作过度，凡此种种，都是减弱体力、损害身体的主要原因。

　　还有许多人把精力浪费在愤怒、忧虑、怨恨以及琐碎的事情上。甚至有的人在愤怒、忧虑、怨恨和琐碎事情上所耗费的精力，比在正式工作上消耗的体力还要多。

【学堂总结】

　　名和利是伤及世人生命的两件凶器。执着于名利，必会耗费心力去追求，而积藏的东西越多，失去的也越多。做人要懂得远离声色货利的诱惑，在纷繁世界寻求内心的宁静。

养生贵在适度

【引子】

> 出生入死。生之徒，十有三；死之徒，十有三；人之生，动之死地，亦十有三。夫何故？以其生之厚。
>
> ——老子·第五十章

　　人出世为生，入地为死。属于长寿的，占十分之三；属于短命的，占十分之三；本来可以活得长些，却过早地走向死亡的，也有十分之三。为什么呢？因为奉养得太过度了。

【专访】

　　老子认为，养生之道各有千秋，养生模式不尽相同，养生贵在掌握"适度"两字。所谓适度，就是根据自身具体条件，正确运用，掌握分寸，过之或不及都不是正确的养生观。

孙思邈在老子思想的启迪下，为世人总结出养生保健、延年益寿的"十二少"秘诀："少思、少念、少事、少语、少笑、少愁、少乐、少喜、少好、少恶、少欲、少怒"。他认为人的七情六欲，是人难以回避的精神活动，如果放纵或者抑制都会对身体有损害。为此，要做到适度，就贵在一个"少"字上。就是说要有所节制，不太过，保持中庸之道，不走偏锋，对于养生益寿多有裨益。

孙思邈在倡导"十二少"的同时还提出了他所忌讳的"十二多"。"多思则神殆，多念则志散，多欲则志昏，多事则形劳，多语则气亏，多笑则脏伤，多愁则心摄，多乐则意溢，多喜则忘错混乱，多怒则百脉不定，多好则专迷不理，多恶则憔悴无欢。"他把这"十二多"视为"丧生之本"。按他的养生理论，"十二少"是养生的真谛，而这"十二多"是丧生之本。只有二者紧密地结合起来，有所倡又有所忌，才能达到真正的养生境界。

现代养生学认为，所谓养，即保养、调养、培养、补养、护养；所谓生，即生命、生存、生长之意。具体说就是要通过养精神、调饮食、练形体、适温寒等综合调养达到强身益寿的目的。

在运用过程中，我们应当注意以下 8 点：

（1）养勿过偏，综合调养要适中。有人把"补"当做养，于是饮食强调营养，食必进补；起居强调安逸，静养唯一；此外，还以补养药物为辅助。虽说食补、药补、静养都在养生范畴之中，但用之太过反而会影响健康。正如有些人食补太过则会出现营养过剩，过分静养只逸不劳则会出现动静失调，若药补太过则会发生阴阳偏盛偏衰，使机体新陈代谢产生失调而事与愿违。

（2）运动适度。运动是生命之源。运动过度伤身，运动不足无效。倘若闭门守舍，足不出户，缺少锻炼，必将导致精神不振，头昏眼花，食欲下降。如果锻炼强度过大，超负荷进行力不从心的运动，则会影响健康。动静结合乃是养生妙法。

（3）营养适度。营养是生命之本。医学专家认为："均衡饮食才是强健体魄的关键。"营养过剩易因胖得病，营养不足则体弱易病。合理的膳食结构是：高蛋白、低脂肪、多维生素、少食糖、高纤维、限盐量。三餐质量：早好、午饱、晚少。

（4）情绪适度。经常保持乐观平衡稳定的情绪。勿过喜，防乐极生悲；勿过悲，过悲是生病祸根。马克思说过："一种美好的心情，比十副良药更能解除生理的疲惫和痛楚。"这就告诉人们，好的精神状态是可以转化为获得长寿的物质力量的。

（5）睡眠适度。睡眠过多或不足，都会疲倦。日本一项十万人参加、历时十年的大规模跟踪调查表明，每天睡七小时的人最长寿。名古屋大学的专家们在新一期美国睡眠协会会刊上撰文说，不论男女每天睡七小时最合适，睡得越多死亡率越高，睡得越少死亡率也越高。

（6）动脑适度。退休后的老人，长期不用脑，脑细胞退化则快，易患老年痴呆症。但用脑过度，脑细胞会因缺乏能量，而逐渐丧失功能。

（7）用药适度。是药皆有毒。治病药还是保健药都有副作用。用药千万别自作主意，随便增减，务必遵医嘱，按时定量，才能恰到好处，获取祛病健身的最佳效果。

【学堂总结】

养生贵在适度。人的七情六欲，是人难以回避的精神活动，如果放纵或者抑制都会对身体有损害。养生贵在一个"少"字上，要有所节制，不太过，保持中庸之道，不走偏锋。

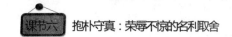

淡泊超然才是本真

【引子】

生之、畜之，生而不有，为而不恃，长而不宰。是为
玄德。

——老子·第十章

让万事万物生长繁殖，产生万物、养育万物而不据为己有，推动
万物发展而不自恃其功绩，作万物之长而不主宰他们，这就叫做"玄
德"。这就是最高深的修养境界了。

【专访】

自然天道使万物出生，自然天德使万物发育、繁衍，它们养育了
万物，使万物得以一定的形态、形状存在、成长。所以，万物没有不
尊崇"道"和珍贵"德"的。"道"之所以被尊崇，"德"之所以被
重视，并没有谁来强迫命令。它是自然而然，自己如此的。

"道"使万物生长，"德"使万物繁殖。它们使万物生成、发展、
结果、成熟，对万物爱养、保护。它们生养了万物而不据为己有，推
动了万物而不居功自恃，统领万物而不对万物强加宰制，这才是最深
远的"德"。"生而不育，为而不恃，长而不宰"，就是老子理想的
道德。

《道德经》第十章和第五十一章都出现了"生而不有，为而不恃，
长而不宰，是谓玄德"的话。大概是老子有意中的无意吧。"玄德"
二字，在第六十五章还出现过，这更说明了老子对这句话情有独钟。

春秋时期，齐国人管仲和鲍叔牙是一对好朋友。管仲家里很穷，又要奉养母亲。鲍叔牙知道了，就找管仲一起投资做生意。管仲没有钱，本钱几乎都是鲍叔牙拿出来投资的。赚钱后，管仲拿的比鲍叔牙还多。

　　鲍叔牙的仆人看了就说："这个管仲真奇怪，本钱拿的比我们主人少，分钱的时候却拿的比我们主人还多！"鲍叔牙对仆人说："不可以这么说！管仲家里穷又要奉养母亲，多拿一点没有关系的。"

　　后来，齐国国君齐襄公被杀。襄公有两个兄弟，一个叫公子纠，在鲁国；一个叫公子小白，在莒国。这时，管仲已经做了公子纠的师傅，而鲍叔牙做了公子小白的师傅。两个公子听到齐襄公被杀的消息，都急着要回齐国争夺君位。

　　在公子小白回齐国的路上，管仲早就派好人马拦截他。管仲张弓搭箭，对准小白射去。只见小白大叫一声，倒在车里。管仲以为小白已经死了，就不慌不忙护送公子纠回到齐国去。怎知公子小白是诈死，等到公子纠和管仲进入齐国国境，小白和鲍叔牙早已抄小道抢先回到了国都临淄。小白当上了齐国国君，即齐桓公。齐桓公立即发令要杀公子纠，并把管仲送回齐国治罪。管仲被关在囚车里送到齐国。

　　齐桓公决定封鲍叔牙为宰相，鲍叔牙却对齐桓公说："管仲各方面都比我强，应该让他来当宰相才对呀！"

　　齐桓公气愤地说："管仲拿箭射我，要我的命，我还能用他吗？"

　　鲍叔牙说："那回他是公子纠的师傅，他用箭射您，正是他对公子纠的忠心。论本领，他比我强得多。主公如果要干一番大事业，管仲可是个用得着的人才。"

　　齐桓公也是个豁达大度的人，听了鲍叔牙的话，不但不治管仲的罪，还立刻任命他为相，让他管理国政。管仲帮着齐桓公整顿内政，开发富源，大开铁矿，多制农具，后来齐国就越来越富强了。

　　齐桓公、管仲和鲍叔牙之间的关系，如果用老子"生而不有，为而不恃，长而不宰"这句话来形容最恰当不过。鲍叔牙对管仲有再生之德、推荐之恩，他却从未将自己的这份功劳、这份恩情挂在嘴上或是记在心里，可谓"生而不有"；管仲这匹千里马是被鲍叔牙拉到齐桓公面前的，齐桓公是伯乐，正是他们才使管仲立下了不世之功，人们只知有管仲而不知有君王，只知有管仲而不知有鲍叔牙。管仲却没有自恃功大而有过什么非分之想，没有作出过什么出格的举动，还经常主动为君王分谤，可谓"为而不恃"；齐桓公有容人之量，知人之明，用人之法。他敢于放手使用千里马，连缰绳都没带，不怕马跑了，不怕马野了伤人，是驭马的主人却没有主宰千里马，可谓"长而不宰"。

老子教我们，人活着应当超然于世，回归生命的本真。现代人要能够以出世之心做入世之事，淡泊名利，拒绝世故，远离机谋，莫争霸权，努力保持真情真性。不要在盲目追求过程中误入歧途，忘却了生活的真正目的和意义。

【学堂总结】

人活着应当超然于世，回归生命的本真。要能够以出世之心做入世之事，淡泊名利，拒绝世故，远离机谋，莫争霸权，努力保持真情真性。

从淡泊中获得快乐

【引子】

我独泊兮其未兆，沌沌兮如婴儿之未孩，傈傈兮若无所归。

——老子·第五十九章

我独自恬静淡泊不起波澜，混混沌沌的样子，好像一个还不会笑的婴儿，疲乏慵散地好像不知归宿。

　　老子认为，天下有办不完的事，更有赚不完的钱，如果一味去追求这些东西而成天把自己搞得筋疲力尽，最后却损害了自己的健康，那是得不偿失的。所以，老子主张，做人要有几分淡泊的心态，最高的修炼是达到"无我"的境界。要不然，欲望会让你痛苦不堪。

　　相对于世俗之人的浑浑噩噩、兴高采烈，老子却深知世故而返璞归真、宁静淡泊地像婴儿一样。在今古中外的思想家里，最歌颂婴儿纯净的应该是老子吧。如果一个人能不失去婴儿之心，就可以找到快乐的灵药了。

　　人生的目的，并不只在于名利和地位，而在于享受生命的快乐，体验生活的美好。长久的快乐，绝不在喧嚣中，绝不在浮华里，它源于淡泊宁静。唯有淡泊，才可以把我们带入那些宁静高远的境界，入微体验人生的快乐，细致感受生命的美丽。

　　人世间的快乐，实际上就蕴藏在平凡而又平常的生活里。可叹世人身在福中不知福，充分地享受着文明生活所带来的一切便利，偏又把这一切视为理所当然的。快乐近在眼前竟毫无知觉，却偏偏去追求那些虚无缥缈的东西。

　　有位年轻人在岸边钓鱼，邻旁坐着一位胡须花白的老人在钓鱼，两个人坐得很近，老人总有鱼儿上钩，而年轻人一整天都没有收获。

　　年轻人终于沉不住气了，问老人："我们两人的钓饵相同，地方也相邻，为什么你能轻易地钓到鱼，我却一无所获？"

　　老人一笑，从容地答道："你是在钓鱼，我是在垂钓。你钓鱼的时候，只是一心想得到鱼，目不转睛地盯着鱼儿有没有咬住你的鱼饵，所以你看见鱼不上钩就心浮气躁，情绪不断发生变化，鱼儿都被你焦躁的情绪吓跑了。我呢，我是在垂钓，垂钓跟钓鱼不一样，我垂钓的时候，只知道有我，不知道有鱼，鱼来我也不喜，鱼去我也不忧，我心如止水，不眨眼，也不焦躁，鱼儿感知不到我，因此也没必要逃跑。"

老人所说的是一种境界，钓鱼是修身养性的一件事情，老人恰恰就做到了这一点。老人的一番话是针对钓鱼事件本身所说的，生活中也不失为睿智的人生哲学。人的一生中兴衰荣辱，得失进退，谁也不能掌控，唯保持一份淡泊的心胸才可以在人生的大起大落中免受伤害。

人生贵在淡泊，古往今来多少名士终其一生心中都在向往或是操守着淡泊的心境。"采菊东篱下，悠然见南山"，陶渊明算得上是个淡泊者；"一箪食，一瓢饮，不改其乐。"凭着淡泊，颜回成了千古安贫乐道的典范；钱钟书学富五车，闭门谢客，静心于书斋，潜心钻研，著书立说，留下旷世名篇。齐白石晚年谋求画风变革，闭门十载，破壁腾飞，终成国画巨擘。

淡泊是人生的一种坦然，坦然面对生命中的得失；淡泊是人生的一种豁然，豁然对待人生中的进退。淡泊是对生命的一种珍惜，珍惜眼前从不好高骛远。淡泊可以使你真正地享受人生，在努力中体验欢乐，在淡泊中充实自己。

拥有淡泊的人是幸福的，淡泊使人心更加宁静，更加自由，没有羁绊。淡泊是不慕名利，远离喧嚣和纠缠，走向超越。淡泊是在遭受挫折时仍有与花相悦的从容，淡泊是别人都忙于趋本逐利时仍然保持恬静。淡泊是一种修养，一种气质，一种境界。

淡泊的人生是一种享受，守住一份简朴，不再显山露水；认识生命的无常，时刻保持一种既不留恋过去，又不期待未来的心态。宠辱不惊，去留无意。别太在意自己，天使能够飞翔，是因为把自己看得很轻。走一程蓦然回首，你会发现，其实幸福离你只有一个转身的距离。淡泊人生，并非消极逃避，也非看破红尘，甘于沉沦。淡泊是一种境界，要做到真正的淡泊，没有极大的勇气、决心和毅力是做不到的。

兰花，淡泊、高雅，是道的载体，可以使人"有心"，养兰花就是养生唐朝著名高僧慧宗禅师，特别喜欢兰花，于是带着一群小和尚辛勤栽培。第二年春天，满山开满了兰花，小和尚们都高兴得合不拢嘴。不料一场暴风雨之后，满山的兰花被乱七八糟地打倒在稀泥里，花朵撒了一地。

小和尚们看到后都忐忑不安地等待高僧的数落，哪知高僧却平心静气地说："我栽花是为了寻找爱好和乐趣，而不是得到愤怒和埋怨。"小和尚们顿时醍醐灌顶，不由自主对高僧宽广的胸怀充满钦佩。

是啊，只要我们将那些快乐的兰花栽种于心田，拥有了兰心慧质，我们的心境一定会盈满幸福与快乐、安详与宁静的。

让我们的心境离尘嚣远一点，离自然近一点，淡泊就在其中。这或许是人生的另一个境界，能做到的人又能有几个呢？

是啊，人与生俱来的身外物何其多，颇有诱惑力。我若得之，淡然处置，不忘乎所以；我若失之，不大悲大痛，身心不伤。如此这般，才会不被身外物所苦，不被身外物所累。

平常岁月，拥有一份淡泊的心境，不是做现实主义的逃避者，而是在工作和学习之余，多一份清醒，多一份思考。人生在世，往往不会一帆风顺，有进有退，有荣有辱，有升有降，有高潮，也有低谷。如果我们认识到平淡是真的道理，就可以在任何时候都保持心理平衡，作出明智的选择。

平淡的日子不会永远平淡，只要怀有淡泊的心境和一生一世永不放弃的追求，定能获得生活馈赠的那份欢乐，成功给予的那份慰藉，谱写出生命最璀璨辉煌的乐章。

正如有一首古诗云："痴心做处人人爱，冷眼观时个个嫌，觑破关头邪念息，一生出处自安恬。"一般人容易走这两个极端，而不能恰如其分地把握自己。世事纷繁，人事复杂，我们不可能总是左右逢源，也不可能一味地八面玲珑。在世俗圈子里痴心表演，人会活得不真实、不轻松、不自在。我们要活得自在逍遥，只有自然地做真实的自己，既不去"痴心做"，也不去"冷眼观"，要像古人说的那样"觑破关头"，摒除邪念，保持心境安然舒畅。

【学堂总结】

做人要有几分淡泊的心态。淡泊是人生的一种坦然，坦然面对生命中的得失；淡泊是人生的一种豁然，豁然对待人生中的进退。淡泊是对生命的一种珍惜，珍惜眼前从不好高骛远。拥有淡泊的人是幸福的，淡泊使人心更加宁静，更加自由，没有羁绊。

守住纯和之气

【引子】

骨弱筋柔而握固。未知牝牡之合而峻作，精之致也。终日号而不嗄，和之致也。

——老子·第五十五章

儿童筋骨虽然柔弱却结实地握住拳头。他还不懂男女交合但生殖器却能勃起，这是精气充足的缘故！整天啼哭嗓子也不会沙哑，是真气畅通和谐的缘故。

【专访】

中国最早提出养生学理论的是老子，老子对于人体生命的研究，是从对婴儿的观察开始的。

熟悉道家思想的人知道，道的境界，即圣人境界是"如婴儿一般"的境界。骨弱而握固，无知而阳举坚，哭叫而不嘶哑。婴儿的这些表现是因为他保全了纯和之气，而我们不能保持这些纯和之气就是我们欲心动而神乱，嗔心动而气耗，情欲动而精散。这就是我们不能返回先天真常之态的原因啊。

老子说："你能回到婴儿的境界吗？你能返回婴儿的境界，就进入了道的境界。"从懂事开始，直到长大成人，我们的欲望和贪心越来越重，我们的痛苦和杂念越来越纷繁，我们离天国越来越远，离道的境界背道而驰。回到婴儿的状态其实只是一个比喻，就是回到本来无欲无为的状态。

现代的人往往不去保固先天的元气，反而妄动暴躁，自以为很刚强的样子。其实这都是不对的举动。人的元气是每个人生来就具有的，如果不注意保持和维护，元气很容易被后天的欲望消耗。所以，做人需要时常向内去扫清心灵的蒙垢，固守住自己的元气。这是养生的重要功课。

有的人喝得酩酊大醉，从车子上摔下来，虽然满身是伤却没有死去。身体跟正常人一样受到的伤害，感觉却跟正常人不同，为什么呢？因为他的神思高度集中，乘坐在车子上也没有感觉，即使坠落地上也不知道，死、生、惊、惧全都不能进入到他的思想中，所以遭遇外物的伤害却无半点惧怕之感。醉汉从醉酒中获得保全完整的心态尚且能够如此忘却外物，何况从自然之道中忘却外物而保全完整的心态呢？

由此看出，老子认为，持守纯和之气是至关重要的，这也是我国古代养生论的重要内容之一。

道家的这种持守纯和之气，逍遥于天地浑一的元气之中的智慧，也表现在他们对待死亡的态度上。

道家的另一本经典著作《庄子》中记载了这样一件事情：

有一天，子桑户、孟子反、子琴张三人不期而遇。

子桑户说："天下谁能够相互交往于无心交往之中，相互有所帮

158 · 158 ·

助却像没有帮助一样？谁又能登上高天巡游雾里，循环升登于无穷的太空，忘掉自己的存在，而永远没有终结和穷尽呢？"

这正好说到两个人的心里去了，大家心领神会，于是成为好朋友。

天有不测风云，子桑户因故死了。还没有下葬，孔子就派弟子子贡前去帮助料理丧事。到了那里，子贡惊呆了，只见：

孟子反和子琴张二人一个编曲，一个弹琴，相互应和着唱歌："哎呀，子桑户啊！哎呀，子桑户啊！你已经返归本真，可是我们还在为活着的人而托载形骸呀！"见此，子贡快步走到他们近前，说："请问，对着死人的尸体唱歌，这不太合乎礼仪吧？"孟子反和子琴张二人相视一笑，不屑地说："你这种人如何懂得'礼'的真实含义！"说完，就理也不理子贡了。

子贡讨得一身无趣，只好回去了。回来后，子贡把见到的情况告诉给孔子，说："他们都是些什么样的人呢？不看重德行的培养而没有礼仪，把自身的形骸置之度外，面对着死尸还要唱歌，容颜和脸色一点也不改变，简直不可救药了。"

孔子沉思良久，说："他们都是远离了世间的纷纷扰扰的人，我们却生活在具体的世俗环境中。人世之外和人世之内彼此不相干涉，可是我却让你前去帮助料理丧事，我实在是浅薄得很呀！他们正跟天地结为伴侣，而逍遥于天地浑一的元气之中。他们把人的生命看做像赘瘤一样多余，他们把人的死亡看做是毒痈化脓后的溃破。他们这样的人，又怎么会把生死看的不同呢？凭借于各种不同的物类，但最终寄托于同一的整体；忘掉了体内的肝胆，也忘掉了体外的耳目；无尽地反复着终结和开始，但从不知道它们的头绪，茫茫然彷徨于人世之外，逍遥自在地生活在无所作为的环境中。他们又怎么会拘泥于世俗的礼仪，有意识地做给人看呢！"

人与自然界的关系，息息相通。顺应自然之道，适应自然界的变化，则何病能生？又何患不寿？老子认为自然界在不断发展之中，人体必须与自然规律相适应，才能生长。不然，逆自然规律而动，则会生病折寿。

这种朴素辩证的养生观，对我国中医学的养生学的形成与发展有着很大的推动作用，《黄帝内经》中便是应和了老子的这一养生主张，即：养生之道重在顺应自然，忘却情感，不为外物所滞。

【学堂总结】

人的元气是每个人生来就具有的，如果不注意保持和维护，元气很容易被后天的欲望消耗。所以，做人需要时常向内去扫清心灵的蒙垢，固守住自己的元气。这是养生的重要功课。

课节七　与人为善：
进退自如的因果效应

　　做人应当淳厚而不轻薄，朴实而不虚华。对天性追求真善美的人类来讲，没有谁愿意拒绝厚道。品格是人生的通行证，做人厚道，必有回报。

不要试图改变他人

【引子】

天下神器，不可为也，不可执也。为者败之，执者失之。

——老子·第二十九章

天下（人类社会）是大自然神圣的产物，是不能凭主观意志去改造的，也不能强行把持。凭主观意志去改造必然会失败，强行把持则必然会失去。

【专访】

老子对于"有为"之政所提出了警告：治理国家，若以强力作为或暴力把持，都将自取败亡。世间的物性不同，人性各别，为政者要能允许差异性与特殊性的发展，不可强行，否则就变成削足适履了！

所以，理想的政治应顺应自然，因势利导，要舍弃一切过度的措施，去除一切酷烈的政举：凡是奢费的行径，都不宜施张。

不要要求别人按照自己的意愿和喜好生活，我们并不需要改变他人，而只需要改变自己。同样地，生活也是如此，对你而言很好的事物，不一定对别人也很好。你认为很好的事物，是因为你喜欢，而且对你有益，可是别人也许不愿尝试。何必老是批评别人这里不好、那里不好，他们都很坏、很冷酷无情呢。

人都有自己喜欢的东西和不喜欢的东西，这很正常。你喜欢的东西当然很好，但是你不喜欢的东西也要允许它的存在。况且，无论你喜欢还是不喜欢，都不能阻止它的存在。如果你因为自己的好恶而惊喜或恼怒，那必定会损害到你的身心健康。

从这个意义上说，我们要允许别人跟自己不一样——不一样的思想，不一样的个性，不一样的生活方式，等等。也就是说要允许别人按他自己的方式生活而不去干涉。

王小波在《一只特立独行的猪》中说，对生活作种种设置是人特有的品性。他认为世界上只有两类人：一种是想要设置别人生活的人，另一种是对被设置的生活安之若素的人。

前一种人总是希望别人按自己的意愿和喜好生活，以为自己喜欢的别人就喜欢，结果却是碰一鼻子灰。

比如为人父母者，会有意或无意地把自己未完成的心愿让孩子承担起来。这对孩子是一种压力。很多父母甚至把自己一生的遗憾寄托在孩子身上，一直逼孩子往自己认为是正确的路上走。即使孩子并不适合，或者不喜欢。譬如学钢琴，譬如出国。

为把孩子培养成艺术家、音乐家，许多父母把物力、财力、精力全都倾注在孩子身上，对孩子在艺术方面的期望远远超过了培养兴趣的范围。在这种压力下，家庭变得不快乐，亲子的愉快时光成了斗争大会。牺牲了亲子的和谐关系，追求一些莫名其妙，也不见得正确的父母理想。当子女长大回想起童年，尽是不快乐的回忆。

又比如，一对情侣或夫妻，很多时候需要一种包容，因为对方永远也不会变成你需要的那个样子，或许你会发现还是最初的那个他是最好的。年轻的时候你希望对方能够成熟一些，但真的变成这样了，你或许又会认为人还是简单一些好，但磨去的棱角怎么能再回来？

我们大多数人都试着去改变他人，其实我们并不需要这样做，而只需改变自己。当我们改变了对他人的看法时，他们在我们的眼中就已经改变了！

因为自己的好恶而惊喜或恼怒，会损害到你的身心健康。我们要允许别人跟自己不一样，不一样的思想，不一样的个性，不一样的生活方式。要学会改变自己，不要试图改变他人。

常怀一颗善心

> 杀人之众，以悲哀泣之，战胜，以丧礼处之。
>
> ——老子·第三十一章

战争杀人多时，要带着悲痛的心情，胜利了要以丧礼对待。

做人要常怀一颗善心。如果每个人都能常怀一颗善心，这世界就应该平和美好多了。

老子认为，战争意味着死人，不是什么好事。所以打了胜仗，杀了许多人，不要沾沾自喜，而应该心怀悲哀而哭泣。如果为战胜而高兴，则等同于为杀人而高兴，这样就是"乐杀人"。因此，战胜方用丧礼的方式来对待胜利是非常合理的。

曹操和袁绍在反董卓时曾是战友，后来分道扬镳乃至兵戎相见。经过十分艰苦曲折的战斗，曹操才打败袁绍，袁绍兵败身亡，死得很悲惨。得胜后曹操办的第一件事就是到袁绍的坟上去祭奠。他哭得很伤心，忆起了很多充满友谊的往事，这件事令随行的兵士很不解。甚至连后来那位很喜欢评点古籍的金圣叹也很不解，也嘲讽的说曹操真不愧是"奸曹"。

其实未必。当年既为战友总是有一定友谊的，无论后来发生了什么事情，都毕竟是后来的事，不能抹杀当年确实存在过的友谊，并在人的记忆中占着实实在在的位置，结怨之后再想起当初的友谊，尤为感到伤怀。刀兵相见，一存一亡，存者忆起当初为友时的一切，往往产生双倍的悲怆之意，这是君子的胸襟，大家的风范，小家子气的人是很难体味的。

在曹操看来，虽然袁绍战败了，但仍然值得尊重，值得以礼相待。曹操身在弱肉强食的乱世，有其不得已而为之的凶狠的一面；但是，曹操终归也是个有感情的人，明白"善待他人就是善待自己"的道理。特别是曹操连自己的敌人都能善待，那我们还有什么不可以善待呢？

所以，如果我们把老子的"杀人之众，以悲哀泣之"拓展一下的话，那就是要善待自己、善待敌人、善待我们这个和谐的世界。

古代圣人说："天下有受饥饿的人，如同自己受到饥饿；天下有落水的人，如同自己落水。"这才能看出他的伟大，他的仁德。

人间需要每个人都永存爱心，然而这却是一件很不容易的事。要做到永存爱心需要从以下几个方面加强修养。

一是要有自爱之心。自爱心是人的本性，是个体生存的基本特征。自爱心的进一步发展，就会产生自尊心、羞耻心、责任心和自信心，这有助于塑造自我道德形象。

人若没有自爱心，生命便缺乏根基。正如鲁迅所说："无论何国何人，大都承认'爱己'是一件应当的事。这便是保存生命的意义，也就是继续生命的根基。"自爱包含着对自己做人的准则、人生意义、道德信仰、价值观念、人格荣辱等诸方面的理解、信奉和实行。它体现着一个人对真、善、美的珍视和追求。

二要有爱人之德。一个人如果只能自爱而不能爱人，那只能说是一种低层次的狭隘的爱；人只有做到爱人如己，以爱己之心爱人，才算有了爱人之德。正如古人所云："以爱己之心爱人则尽仁。"

三要有利人之行。在社会生活中，"爱语"会给人们带来温暖和快乐，甚至有"回天之力"。但是，人们之间的相爱，不能只停留在漂亮的言语上，还要体现在实际的行动上。佛教有这样一句格言："一个救人性命、出于纯正之爱的行动，比在侍奉佛祖的宗教活动中献祭大象和马匹而度过一生时光要更伟大。"

然而，人际关系也常常像自然界一样，种瓜得瓜，种豆得豆，播什么种子结什么果。正如墨子在《兼爱》篇中所云："夫爱人者人必从而爱之，利人者人必从而利之，恶人者人必从而恶之，害人者人必从而害之。"现实生活中，许多宽厚的人，常有"己愈予人己愈多"的感受。在人们之间的交往中，总是有思想感情的交流与沟通。把自己的感情真心实意地奉献给他人，而自己的感情并不会因"给予"而减少；相反，我们给予他人的愈多，那么自己所得的也会愈多，从而也就使自己的思想境界更加丰富、高尚。

【学堂总结】

爱人者人必从而爱之，利人者人必从而利之，恶人者人必从而恶之，害人者人必从而害之。人间需要每个人都永存爱心，我们要善待自己，善待敌人，善待我们这个和谐的世界。

最好的行善没有功利心

上德不德，是以有德；下德不失德，是以无德。上德无
为而无以为，下德无为而有以为。

——老子·第三十八章

具有上乘品德的人，从来不追求形式上的"德"，这才是真正具
备了"德"；而下乘品德的人，从来不放弃形式上追求"德"，实际上
没有真正具备"德"。真正具备"德"的人，顺应自然而无心作为，
形式上具备"德"的人，顺应自然却是有心作为。

【专访】

老子这句话的意思实际是说，一个人要求名求利，立功立德，必
须首先要从不求名利做起，不能自恃有德。假如处处表现自己的有德，
唯恐失去自己的"善"名，那实际上就已失去了德、名。

我们应该这样理解这句话："上德不德"，做善事是应该的，不要
故意去做好事追求名声，也就是不为名声而故意去做好事，这样才能
安心，心平则气和。为了做好人而做好事，为了让人家去表扬，为了
让人家叫我们好人而做善事，那就不算善事了。比如，有很多人捐款
救助别人而不留下姓名，不企求任何回报，这就是"上德不德"。

从这里我们可以看出，老子的"上德无为而无以为，下德无为而
有以为"，实际上是说抛开功利心，自然而然地去做善事，这样心灵
才能得到升华，才能"养护精神，尽享天年。"

汉朝的大将军韩信小时候是个市井流浪儿，当不了官，做不了买卖，常贴着人家吃白食，人都厌烦这个"嘴上抹石灰"的青年。有一回他在城下钓鱼，很多老妈妈在那里漂洗衣服，有一个老妈妈看见韩信没饭吃，就把自己的午饭分给他一些。就这样，韩信跟着那位好心的老妈妈吃了数十天饭，韩信非常感激，说以后一定重重报答她。老妈妈生气地说："男子汉大丈夫不能自己挣饭吃，我可怜你才给你饭吃，哪里希望你回报啊！"

这位老婆婆不是故意为善，而是出于慈母之爱心，决不望报，真是上德、上善！

老子主张"上德不德"，就是叫你不要逃避，真为善，也不要为了因果报应而故意求善，那样往往是无果而终。比如，常常碰到信奉宗教的一些朋友，他们觉得自己做了好多善事，磕了好多头，拜了好多佛，念了好多经，为什么还会遭遇不幸呢？这种心理就是为了一定目的，或者为了自己的私利去行善，其结果往往让人失望。

这就是老子所说的"下德不失德，是以无德"。

与孙武齐名的吴起最善用兵。他足智多谋，士卒也愿卖命，故能百战百胜。《史记·孙子吴起列传》上记载："吴起作为一个将领，他的饮食与衣着，全都跟士卒中最下级的相同。他晚上睡觉的地方，不加铺盖，行军的时候，不骑马乘车，亲自背粮食，一切都跟士卒同甘共苦。士卒中有长皮肤肿烂病的，吴起亲自为他吸出脓汁。这个士兵的母亲听了这个消息，不禁失声痛哭起来。旁人不解地问："你的儿子，只是一个兵卒，而贵为上将的吴起亲自为他吸出溃疡的脓汁，你为何反而哭起来了呢？"那名士兵的母亲解释说："这个你们就有所不知了，往年吴公也曾为我孩子的父亲吸过脓疮，孩子的父亲为报答他的恩德，在战场上格外卖力杀敌，结果就战死在沙场上了。而今，吴公又为他的儿子吸吮脓疮，我不知道这孩子又会为他卖命战死在哪里了。想到这点，所以我禁不住要哭出来了。"

吴起对士卒好，还亲自为士卒吮吸疮疽的脓血，并非真心行好，而是为了让士卒感恩图报，战场上为他卖命，这便是"下德"。当然具有吴起这种"下德"的将军今天也几乎见不到了，有几个将军能与士兵同甘苦？

如果我们为老子的这段话作一个总结，那就是：不要故意行善，更不要为名或利行善；大错莫犯，小错要慎，最好别犯。小的迷惑，使人迷失东西南北，大的迷惑叫人失去天然性情。真正的聪明是安于自然常态，不可画蛇添足。顺着自然规律去做，就可以养护精神，保护自己不受伤害，善始善终，得以安享天年。

【学堂总结】

盯着回报的行善，不纯洁。做善事是应该的，抛开功利心，自然而然地去做善事，这样心灵才能得到升华。没有功利心的行善是最好的行善。

做人一定要厚道

【引子】

> 是以大丈夫居其厚，不居其薄；居其实，不居其华。
>
> ——老子·第三十八章

所以，男子汉大丈夫，选择淳厚而不选择轻薄，选择朴实而不选择虚华。

【专访】

老子很重视人的厚道，在《道德经》一书中，他反复地从各个角度阐述。老子认为，"道之华"为"愚之始"，即高尚的道德是纯真朴实的，如偏于奢华，则是愚昧的开端。

他还说："善者，吾善之；不善者，吾亦善之"。他认为人要仁慈大度，多为他人着想，以诚信之心去感染转化他人，从而创造出一种同心同德的群体气氛。

深刻的道理往往掩藏在最朴实的语言中。做人要厚道，无论讲给谁听都像是一句略显多余却又无可厚非的、充满乡土气息的俗话。认同归认同，然而在现实生活中，又有多少人敢面无惧色地承担起"厚道"的良知和沉甸甸的社会责任呢？

其实，厚道不外乎"忠厚之道"，它包含了诚实、善良、豁达、感恩、直率、助人为乐、爱憎分明等品质，浓缩了几千年来人类的精神美。而对天性追求真善美的人类来讲，没有谁愿意拒绝厚道。

"做人要厚道"其内涵外延无限延伸，其意义放之四海而皆准。提倡"做人要厚道"应是中华民族的传统美德。这个传统美德在大讲政治文明、精神文明、物质文明的今天，不但需要发扬光大，而且应该成为人人（特别是商人）具有的一种涵养。

香港《文汇报》曾刊登李嘉诚专访，主持人问："俗话说，商场如战场。经历那么多艰难风雨之后，您为什么对朋友甚至商业上的伙伴抱有十分的坦诚和磊落？"

李嘉诚答道："简单地讲，人要去求生意就比较难，如果生意跑来找你，就容易做。一个人最要紧的是节省你自己，对人却要慷慨，这是我的想法。顾信用，够朋友。这么多年来，差不多到今天为止，任何一个国家的人，任何一个省份的中国人，跟我做伙伴的，合作之后都能成为好朋友，从来没有因一件事闹过不开心，这一点我是引以为荣的。"

要照顾对方的利益，这样人家才愿与你合作，并希望下一次合作。凡与李嘉诚合作过的人，哪个不是赚得盆满钵满！

君子厚德以载物。品格是人生的通行证，做人厚道，必有回报。但是，我们还应注意一个事实：做人厚道虽然最受欢迎，但也最容易被欺骗。所以，做人既要厚道，还要有原则地灵活应对。

【学堂总结】

做人应当淳厚而不轻薄，朴实而不虚华。对天性追求真善美的人类来讲，没有谁愿意拒绝厚道。品格是人生的通行证，做人厚道，必有回报。

与人相处和为贵

【引子】

> 万物负阴而抱阳，冲气以为和。
>
> ——老子·第四十二章

万物背负于阴，而拥抱着阳，阴阳之气互相激荡而又互相调和。

【专访】

宇宙万物是阴阳生息，遵循阴阳交融相合之道，相互对立又相互统一。"冲气"，就是对万物重要的调控作用。"和"，是阴阳消长平衡的结果。"冲气为和"，就是客观规律作用于事物内部矛盾的两方面，"高者抑之，下者举之，有余者损之，不足者补之"，通过其变化使之在新的层次上达到新的和谐。所以，无论是整个自然界或是细微的具体事物，都是运用着这条自然规律在这种动荡的调节中维系着自身的平衡。

老子还说："知和曰常，知常曰明"，这意思是说，知晓了和谐的道理，可谓知晓了道的常规；知晓了道的常规可谓明智。《荀子·天论》说："万物各得其和以生"。《论语》中所谓："礼之用，和为贵。先王之道，斯为美，大小由之。"也就是说圣明君王治国，无论大小事都遵循着达到和谐这样的标准去做。郑君《中庸》目录云："名曰中庸者，以其记中和之为用也。"可见儒道两家都崇尚事物的和谐，从这点来讲，可以说是殊途同归。

"和"是一种精神，也是一种境界。历经了2000多年心心相传，"和"已深入人心。它纵贯了整个中国思想文化发展的诸多过程，积淀于各个时代的各家各派的思想文化中。它体现着中国思想文化的首要价值和精髓，也是中国思想文化中最完善，最富有生命力的体现形式。

韩非子讲过一件事，叫做"狗猛酒酸"。

宋国有个卖酒的人，酿制的酒香味谆厚。他人也和气、公道，待客人殷勤周到，但是生意却很清淡。店外的酒旗高高地迎风招展，可酒就是卖不出去。由于酒卖不出去，放着放着就变酸了。这人很苦恼，也不知道是什么原因。

他就去请教邻里的一位长者。这位长者告诉他："你养的那条狗太凶猛了，人们害怕狗咬，谁还敢来买你的酒，酒变酸也就可想而知了。"

韩非子用这件事来说明治理国家的道理，其实也可以用来比喻做生意的道理。

生活中，你给人一个微笑，别人也会给你一个微笑；你热心帮助别人，当你遇到困难的时候，自然也会得到别人的帮助。善有善报，和和气气是绝对没有坏处的。

再比如经商，古人都知道以和颜悦色来笼络顾客，让他们放心，让他们亲近，让他们舒适。这样，顾客还能不把你那里当做消耗银子的一个好地方吗？

有一个老字号商店的掌柜，算是把这一课学透了。凡在他那里买货的，无论年少年长，还是文弱强悍，他都对你一脸笑容，客气陪送。有时碰到一两个年少无知的，冲撞了他老人家，他也毫不介意，甚至还会夸奖两句那些冲撞他的人。

如果有人寻衅滋事，伙计耐不住握紧老拳，想打一个出手。老掌柜则示意不要动怒，送走即了之。如果伙计们咽不下这口气，露出些许言语，老掌柜便会断喝制止。这使新来的伙计往往不明白，也老大不痛快。当然，等到他们待久了，也就明白了这个道理，待人接物和老掌柜如出一辙。

一次，有个人去买水果，"这水果这么烂，一斤也要卖10元吗？"他拿着一个水果左看右看。

"我这水果是很不错的，不然你去别家比较比较。"

他说："一斤8元，卖不卖？"

老掌柜还是微笑地说："先生，我一斤卖你8元，对刚刚向我买的人怎么交代呢？"

"可是，你的水果这么烂。"

"如果是很完美的，可能一斤要卖15元了。"老掌柜依然微笑着说。

不论客人的态度如何，老掌柜依然面带微笑，而且笑得像开始那样亲切。客人虽然嫌东嫌西，最后还是以一斤10元的价格买了。

等到那位客人走了，老掌柜自言自语地说："嫌货才是买货人呀。"

"和"能嫁接无根树；"和"能点燃无油灯；"和"能使世界更加完美。国家为政之道讲究"政通人和"；家庭这个社会细胞讲究"家和万事兴"；人与人之间的交际讲究"以和为贵"；商业或企业的经营者讲究"和气生财"；网络中的交流讲究"和谐美好"！一个小小的"和"字，与国、与家、与人、与物都有许多充满教益的大道理。

【学堂总结】

国家为政讲究政通人和，家庭生活讲究家和万事兴，人际交往讲究以和为贵，商业经营讲究和气生财。"和"是一种精神，也是一种境界。

善言善行惠己及人

【引子】

道者，万物之奥。善人之宝，不善人之所保。美言可以市尊，美行可以加人。

——老子·第六十二章

道庇荫万物，是善人之宝，不善人修持亦可得庇护。美好的言辞可以博人尊敬，美好的行为可以见重于人。

【专访】

老子告诉人们，人与天地万物皆循道而为。善人因与这客观法则能合其德，有求可得，把它当修身的宝贝；不善人明道后改过迁善，不敢再胡作妄为，也能得以安保。美好的言辞可以换来别人对你的尊重，良好的行为可以见重于人。老子再一次宣扬"道"的好处和作用。"道"不但是善良之人的法宝，就是不善的人也必须保有它。"道"是处理一些矛盾的方法，可以在人际关系上得到很好的运用。

一个人说话做事，是在实现自己的言行，也是在塑造自己的形象。你将如何塑造自己，别人是帮不上忙的。

言行是一种艺术。在公共场所大吹大擂，一句不慎之言，足以使十句光彩照人之语黯然失色，而且还会给人一种不良印象或给自己造成难以弥补的损失。

你的言行举止时刻体现你的个人素质。一个有素质的人会受到别人的尊重；反之，就会受到他人的排斥及厌恶。言行是心灵的图画，举止是你最优秀的简历表。为人处事注重言行，必受人欢迎。

一家大公司在媒体上刊登一则招聘广告，要聘一名办公室文员。应聘当天，闻讯前来应招的约有100余名，公司人力资源部长准备借用笔试筛选一部分人再作决定，然而总经理却拒绝了如此烦琐的招聘手续，他吩咐人力资源部长传唤每一个人到他的办公室作现场应聘。

被人力资源部长传唤而去的一个个应聘者，他们不是夹着厚厚的简历表，就是怀抱一摞证书，甚至还有人怀揣着公司上层领导的朋友的介绍信。然而，总经理走马观花地面对前来的应聘者，每出去一人，他总朝人力资源部部长摇摇头。

在总经理感到失望之时，一个貌不惊人但衣着整洁的男孩被人力资源部部长叫进来。人力资源部部长看到男孩两手空空，有些替他惋惜，怎么一点也不准备呀，至少也该有份简历表呀。

只见男孩走到总经理的办公室门前，礼貌地敲了三下门，待里面传出"进来!"，他才轻轻推开门，立于门前，认真地蹭掉脚下的泥土，然后进门后随手关上了门。未走近总经理的办公桌，男孩发现地上有本书，很自然地拾起放到办公桌上。

总经理和男孩简单地交谈了几句，这时有人敲门说是找总经理。门一开，一位残疾老人蹒跚而入，男孩连忙起身搀扶老人，且让座于他。男孩所做的一切毫无造作，呈现在别人面前的是善良、体贴。

当男孩走出办公室，人力资源部部长进来准备请示总经理再叫下一人时，总经理微笑着冲他点点头说："就是刚刚的男孩被我看中了!"

人力资源部部长惊惑地问道："刚刚那男孩？他既没有一本证书，也没有受任何人的推荐，甚至连最基本的简历表都没有。"

"你错了，"总经理对人力资源部部长说，"其实他带来了内容丰富的简历表，且是这些人中最优秀的简历表!"

人力资源部部长疑惑了，莫非男孩是他的亲属或有特殊的关系。总经理继续微笑着说："男孩的言行是他最优秀的简历表，他轻敲三声门，说明他懂礼节，做事小心仔细；他在门口蹭掉鞋上带的泥土，说明他注重细节；当看到那位我有意安排的残疾老人进门时，他立即上前搀扶，且让座、沏茶，表明他善良、体贴、热情。其他所有的人都从我故意放在地板上的那本书上迈过去，而男孩却俯身捡起那本书，并放回桌上，他的动作是那么的自然、镇定。他和我近距离交流，他的回答干脆果断，他的头发梳得整整齐齐，指甲修得干干净净……难道这些细节不是男孩最优秀的简历表吗？我认为他的言行就是他最好的简历表!"

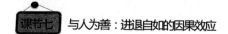

人力资源部长心悦诚服地笑了起来。

老子说：美好的言辞可以博人尊敬，美好的行为可以见重于人。我们平时注意自己的言行，就能成为有修养的人。言行举止能让人起欢喜心，就表示你的修养好；若让人不高兴，则表示你的修养还不够好。

言行对一个人的人生非常重要。西汉大儒扬雄在《法言义疏》中说："言重则有法，行重则有德"，"言轻则招忧，行轻则招辜（辜，罪也）"。言行是人立身处世的根基，人要在社会上有好的发展，就要在语言和行为方面提高自己的修养。

【学堂总结】

美好的言辞可以博人尊敬，美好的行为可以见重于人。言行举止是心灵的图画，有修养的人会受人欢迎。一切善念、善言、善行对于自己和他人都是天堂，平时要培养自己美好的言行。

用德行来回应怨恨

【引子】

> 为无为，事无事，味无味。大小多少，报怨以德。
>
> ——老子·第六十三章

以无为来作为，以无事来做事，以无味来品味。不必去计较那些

大大小小、纷纷扰扰的事，用德行来回应怨恨。

老子认为，以德报怨，就是以恩德来报答别人曾给予自己的怨恨。显然，没有与人为善的愿望，没有博大的胸怀和宽宏的气度，是很难做到这一点的。

孔子在《论语》中有"以德报怨"的论述；明初理学中提出了"不念旧恶"的主张。不计前嫌，克己让人，以德报怨，是处理人际关系时常常采用的一种好的方式。

历史上懂得"以德报怨"的人很多。

战国时期，魏国大夫宋就担任和楚国邻界的边县县令。两国的边亭都种瓜，魏国边亭的人勤于浇灌，瓜长得很好；楚国边亭的人懒于浇灌，瓜长得不好。楚亭人出于嫉妒，夜里偷偷去拔魏亭的瓜。魏亭人发现后也要去拔楚亭的瓜，宋就不但予以制止，而且让魏亭人在夜里悄悄地为楚亭人浇瓜，楚亭的瓜于是长得越来越好。楚王闻知此事后，感到很惭愧，以厚礼致谢，并主动要求与魏国建立睦邻关系。

孙权伐黄祖时，孙权部将凌操被黄祖部将甘宁用箭射死。不久甘宁归附孙权，为东吴屡立战功，但凌操之子凌统，为报杀父之仇，每遇甘宁都要与之拼命。后来凌统在与曹操部将乐进交战时，被坐骑掀翻在地，就在乐进持枪欲刺时，甘宁一箭射中乐进，救下凌统，凌统深受感动，顿首拜谢甘宁。

宋就、甘宁等人堪称以德报怨的典范。他们的做法收到了化消极为积极、化冲突为和睦、化对手为朋友的功效。《史记·管晏列传》评述道：齐桓公"九合诸侯，一匡天下"而成就霸业，得力于

"管仲之谋也"。《新序·杂事四》指出："梁（魏）楚之欢，由宋就始。"即魏国和楚国的友好关系是从宋就开始的。《三国演义》第六十八回写道：甘宁救了凌统后，凌统"与甘宁结为生死之交，再不为恶。"

上述以德报怨的善行义举，给了我们非常有益的启示，对我们正确处理人际间的矛盾和纠纷，有着很好的借鉴作用。

按照正常人的思维方式，人都有些自知之明，对自己所作所为的是与非，心里多少是清楚的，因此在对不起他人的地方，难免心存愧疚之意。一旦出乎意料地得到对方的原谅，甚至得到对方真诚的关心和帮助，一般说来，都会生发出由衷的愧悔、感激之情，进而心悦诚服地改正自己的过失。所以说，显示了高度涵养的以德报怨，是超越个人之间恩恩怨怨，协调和处理好人际关系的最佳方式之一。

其实，人与人之间并无根本的利害冲突。在学习、工作和生活中接触多了，出现一些误会、摩擦和分歧，发生这样或那样的不愉快，是免不了的事情。可是有人却容忍不下，计得失，算恩怨，针尖对麦芒，以眼还眼，以牙还牙，以怨报怨，导致矛盾激化，关系紧张，双方都捆绑在无休止的争斗战车上。

生活当中的许多事实表明，容人之过，谅人之失，以德报怨，是形成良好的人际关系的润滑剂。听说过这样一件事：

一位农民的庄稼被邻人的牛踩坏了，这位农民捉到牛后把它牵到阴凉处喂以水草，在牛卧倒休息时还为它驱赶蚊蝇。邻人见后惭愧不已，一再道歉、致谢，并主动赔偿损失。

试想，要是这位农民为出一时之气而把牛打一顿，结果将会如何呢？很可能惹出新的纠纷，甚至就此结下仇怨。可见，以德报怨，怨恨自消；以怨报怨，积怨益深。

然而，我们提倡以德报怨，是指原谅并适度厚待那些一时触犯、伤害过自己的人，而绝不是姑息纵容坏人、恶人。对那些以坑人为快的小人应该批评教育；对为非作歹而又不思悔改的恶棍，要绳之以法，使其得到应有的惩罚。

【学堂总结】

以无为来作为，以无事来做事，以无味来品味。不必去计较那些大大小小、纷纷扰扰的事，用德行来回应怨恨。做人要有与人为善的愿望，有博大的胸怀和宽宏的气度。

课节八　委曲求全：
返璞归真的最高境界

后退，是为了更好地前进。这是平常我们都可以理解的一句话，但是在现实中真遇到这种情况时，能够做到的人却少之又少。勇于后退的人比勇于前进的人具有更高的智慧和更大的勇气。机智灵活的人懂得能屈能伸、能进能退的道理，懂得让自己如何像水一样活着。

像水一样活着

【引子】

上善若水。水善利万物而不争，居众人之所恶，故几于道。

——老子·第八章

最高的善就像水那样。水具有滋润万物的本性，而与万物毫无利害冲突；水具有宽广的胸怀，甘居于人们所厌恶的卑下、垢浊的地方。所以，水之善就接近于"道"了。

【专访】

老子说：天下莫柔弱如水。水没有一种固定的形状，因而能因物赋形。无论多小的缝隙，水都能钻过去；无论遇到多么不规则的石头，水都能绕过去；无论多么浑浊或清澈，水都照样可以生存。

作为人类，我们更应该懂得适者生存的道理。那些深通权谋的人，他们之所以能够成为俊杰，是因为像水一样，能够适应不同的环境，采用不同的生存方式，能屈则屈，能伸则伸，就像《鬼谷子》中所说的："或阴或阳，或柔或刚，或开或闭，或弛或张。"

"明白应变，屈伸自如"，是在时机不到时伺机待时，不贸然行动，等到自己有足够的力量时，才把握时机猛然出击，一战而胜。能屈能伸是判断形势和力量，以便能找到弃弱取强的关键。

"明白应变，屈伸自如"，是在狭小的空间里，能最大限度的曲下身来保护自己，在发展的机会来临，前景广阔的时候，又能最大限度地挥洒自己的智能与才干。

楚汉相争时，刘邦和项羽争夺天下。刘邦是布衣出身，项羽却是楚国贵族，两个人争到旗鼓相当的时候，都想把韩信争取到自己的阵营。韩信是个军事奇才，谁要是能把他拉过来，势均力敌的形势就会发生变化，优势将倒向韩信所在的一方。

最后刘邦派人成功地说服了韩信，在韩信的帮助下，刘邦在垓下困住项羽，项羽四面楚歌，走投无路，刎颈自杀。

韩信（前228～前196），字重言，淮阴（今属江苏）人，汉初军事家。然而这个封王封侯的韩信却曾忍受胯下之辱。在韩信还在老家务农的时候，遇到了一个"下三烂"的挑衅——要么从他胯下钻过，否则就把他杀了。听了这话，韩信很生气，也很无奈。然而，他遏制住了自己心中的怒火，低头从那人的裆下钻过。这样，轻则避免几年的牢狱之灾，重则免得赔上自己的一条命。

历史中的智慧值得我们思索。大丈夫能屈能伸，能刚能柔，就是源于韩信的典故。在常人看来，胯下之辱绝对让人不堪忍受，然而韩信爬过去了，而且爬过去以后拍拍身上的尘土扬长而去，这是何等的胸襟和气魄！

与之相比，"水浒"中的"青面兽"杨志，就没有韩信大度了。他一时冲动，受不了牛二的纠缠，一刀把他杀了。杨志当时是很痛快也很解恨，可是不久，官府就找他的麻烦了，他不得不为此去坐牢。

这样说来，一时遇到了失利，在小事上要忍让，尽量大度些。就像水一样，遇到了小石头，就先绕过去。这样，可以避免那些不必要的麻烦或纠缠，甚至可以避免掉不必要的牺牲，才能在曲折中继续前行。留得青山在，还怕没柴烧？

像水一样，遇到了小石头，就先绕过去，并不是我们怕，而是要看到人生的两种境界。

一是逆境，在逆境中，困难和压力逼迫身心，这时应懂得一个"屈"字，委曲求全，保存实力，以等待转机的降临；二是顺境，在顺境中，幸运和环境皆有利于我，这时当懂得一个"伸"字，乘风万里，扶摇直上，以顺势更上一层楼。

许多时候，我们应该改变自己来适应环境。

A先生和B先生都是初出茅庐，涉世尚浅，刚刚走上工作岗位，便遇到了一系列不适：待遇差，受排挤……

A先生在一次次挫折和不公面前怨气冲天，抑郁成疾，最终于事无补，无甚成就，一晃青春不再，悔之晚矣；

B先生则大度为怀，含蓄忍让，见怪不怪，努力适应环境，加强自身，积累经验，等待时机。逆境反而使他变得更坚强、更成熟，他扬长避短，屡出成就，积小胜为大胜，终于功成名就。

刚强对一个人来讲很重要，是人身上最可贵的品质，但刚强也有限度。有了困难和挫折宁折不弯是对的，却不可一味地刚强到底。刚强的人都是心劲足血性大的，遇到困难耗尽心血，硬撑死撑，直到心力耗尽，无可再撑，一旦折服很难再有重新站起来的机会。

柔弱却可得长久，柔者有包容力，海纳百川，就是靠兼柔并蓄的力量吞吐含纳。但是如果一味柔弱，就会遭到欺凌。俗话讲，一个人要是没刚没火，便不知其可。就是说一个人要是只会软弱，不懂刚强，那么什么事情也做不成。

现实生活中，我们常常感到周围环境不尽如人意：自然条件的恶劣，人与人之间的相互倾轧，工作压力太大，报酬太低……面对这种种烦恼，不少人整天抱怨生活待自己太薄，牢骚满腹，怨天尤人。其实，静下心来想一想，就会明白，即使是皇帝，也没有能力让周围的一切如他所愿。对周围的环境，我们可以想办法来改变它，将现实中不令人满意的成分降低到最低限度。但改变环境是很困难的，这时候，我们应该通过改变自己来适应环境。

【学堂总结】

做人应学会像水一样，善于随着周围的环境改变而改变，不断调整自己，改变自己，能屈则屈，能伸则伸，使自己能够适应周围的大环境。

静下心来转个弯

【引子】

曲则全，枉则直，洼则盈，敝则新。

——老子·第二十二章

委曲便会保全，屈枉便会直伸，低洼便会充盈，陈旧便会更新。

【专访】

老子认为很多人之所以最后无所收获，是因为只知追逐而不知归真。如果你遇到了阻力，要静下心来转个弯，寻求解决的方法是最好的选择。死脑子一根筋，那样不仅于事无补，而且自己也会活得焦头烂额。

老家的房屋有个特点，屋子不大，里面却可以有几十个房檐和门槛。平日里，乡亲们背着沉甸甸的大背篓从外面穿过这些房檐和门槛走进来，可从来没看见他们当中有人撞到房檐或者是被门槛绊倒。

一位外乡人感到很奇怪，就问当地的一位老人："有这么多的障碍，为什么不见你们当中有人碰头、摔跟头或者被门槛绊倒？"

老人回答："在这样的屋子里行走，要记住一句话：要能低头，但不能弯腰。低头是为了避开上面的障碍，看清楚脚下的门槛，不弯腰则是为了有足够的力气承担起身上的背篓。"

外乡人听完老人家的话，陷入了沉思。

要能低头，但不能弯腰。我们对生活的态度，不也正应该如此吗？故乡的房舍不正像我们的生活吗，一路上充满了房檐和门槛，一个不大的空间里到处都是磕磕绊绊。而我们肩膀上那个大背篓里装满了我们做人的尊严。背负着尊严走在高低不同、起伏不定的道路上，我们必须时刻提防四周的危险。为了不磕头，不摔跟头，我们开始学会了低头。低头做人，把自己的锋芒收敛起来，小心翼翼地低头走路。

人要学会低头，还要学会转弯。遇到挫折能转弯，转过这个弯，人生又是另一番风景。路在脚下，更在心中，心随路转，心路常宽。学会转弯也是人生的大智慧，挫折往往是转折，危机同时也是转机。

我们思考问题、说话、办事都要懂得"曲则全"的道理。虽然两点之间直线最短最省事，但两点之间如果有一道沟坎，就不得不绕个圈子到达。做人，善于运用巧妙的曲线只此一转，便事事大吉了。换言之，做人要讲艺术，便要讲究曲线的美。

平时说话，要学会委婉，委婉就是曲。不要一见面就直截了当说明自己的意图，那样往往会把事情办砸。有时扯半天闲话，造成了合适的气氛时才点明主题，达到自己的目的。

在外交场合更得注意辞令，古人说："一言可以兴邦，一言可以丧邦。"就是这个道理。谈判桌上一句话不中听的话，很可能引发一场战争，会说话的，折中于樽俎之间，在饭桌上就把问题摆平了。

在人与人的关系以及做事情的过程中，我们很难直截了当就把事情做好。我们有时需要等待，有时需要合作，有时需要技巧。我们做事情会碰到很多困难和障碍，有时候我们并不一定要硬挺、硬冲。我们可以选择有困难绕过去，有障碍绕过去，也许这样做事情更加顺利。

任何事情，发生以后，当事者如果一味愚昧地往牛角尖里钻，最后一定会活活地憋死在那个暗暗的、尖尖的、全无退路的牛角里。然而，只要轻轻地转个弯儿，灿烂阳光、康庄大道，都在那儿等着。

【学堂总结】

委曲便会保全，屈枉便会直伸，低洼便会充盈，陈旧便会更新。人要学会低头，要学会转弯。学会了低头，就不会磕头，摔跟头；学会转弯，转过这个弯，人生又是另一番风景。

花要半开， 人要半醉

【引子】

物壮则老，是谓不道，不道早已。

——老子·第三十章

凡事物发展到了强盛的极点就会衰老，因为这违背了自然规律，违背自然规律则接近于灭亡！

【专访】

大自然的规律是物极必反，日中则昃，月盈则亏，太阳过了正午就偏斜，月亮过了十六就开始缺损。所以，老子认为，"凡事物发展到了强盛的极点就会衰老"。因为一直强盛下去就"违背了自然规律"。

俗话说："人无千日好，花无百日红。"人的一生不可能总是春风得意。人生最风光、最美妙的际遇总是最短暂的，锦上添花固然精彩，适可而止却最明智。

老子有言："强梁者不得其死。"事物阳刚的一面太过突出，就会阴阳严重失衡，其本质属性必然发生本质变化，这种变化的外在表现就是原事物的死亡。人生在世，要想有一个好的结局，就应该守柔处弱，避用刚强。

宋朝名将狄青任枢密使的时候，自恃有功，十分骄横傲慢，得罪了一些人。当时文彦博执掌国事，建议皇上调狄青出京做两镇节度使。

狄青不服，向皇上陈述自己的想法说："我没功，怎么能接受节度使的任命？我没有犯罪，为什么要把我调离京城呢？"皇上宋仁宗觉得他说的有些道理，就没有再怎么样，而且称赞狄青是个忠臣。文彦博对仁宗说："太祖不也是周世宗的忠臣吗？太祖得了军心，就有了陈桥兵变。"

仁宗听了这番话，嘴上什么也没说，但同意了文彦博的意见。狄青对此毫无所知，就又到中书省去为自己辩解，仗着自己的军功还是不想去当节度使。

可文彦博则对他说："让你出去当节度使没有别的原因，是朝廷怀疑你了。"

狄青一听此话后退数步，惊恐不安，只好出京。

朝廷每月两次派使者去慰顺他，只要一听说朝廷派人来了，狄青就恐惧不已，不到半年，就发病身亡了。

狄青这个人，过于刚强，结果是积压损其身。这就是老子说的"物壮则老"，违背自然规律就接近灭亡。做人要谦虚，要知道骄兵必败。能够做到谦虚待人，得意而不忘形，这样就能够事业顺达，一生吉祥。相反，如果骄傲狂妄，就会造成人生的大起大落。

常言道："花要半开，酒要半醉。"风头出尽的人容易遭人妒，做人要懂得收敛。当今社会，你不露锋芒，可能永远得不到重任；你锋芒太露却又易招人陷害。虽容易取得暂时成功，却为自己掘下了坟墓。当你施展自己的才华时，也就埋下了危机的种子。

所以，无论你有怎样出众的才智，但一定要谨记：不要把自己看得太了不起，不要把自己看得太重要。收敛起你的锋芒，才华显露要适可而止。

古人说："盛极而衰，盈满则亏。"这些至理名言无不向我们传递这样一个信息：强大有时也就意味着已在走向死亡，特别是自己认为自己够强大时。

人最重要的是心不能满。即使你是很成功的人，你也只是98摄氏度、99摄氏度的热水，离沸点100摄氏度永远有差距。保持这样的心境至关重要。否则，心满了，就如同水达到100摄氏度，沸腾之后就成了蒸汽，亏缺也就随之而来。

总之，一种事物到了鼎盛时期，强大的背后也就是衰弱的开始。有些事物因为发展太过顺利，一旦出现问题反而不及补救而全盘受损的情况。我们做事，一定要把握好"度"，依照事物发展的规律办事。

【学堂总结】

凡事物发展到了强盛的极点就会衰老，一直强盛下去就违背了自然规律。做人要知道骄兵必败，能够做到谦虚待人，风头出尽的人容易遭人妒，做人要懂得收敛。

退一步海阔天空

【引子】

> 明道若昧，进道若退，夷道若类。
>
> ——老子·第四十一章

光明之道恰似黑暗，进取之道恰似退守，直达之径反而似曲折。

【专访】

老子认为，世俗人都希望别人跟自己一样，而对跟自己不一样的却很厌烦。他们总是把出人头地当做自己的追求。那些一心只想出人头地的人，实际上并没有脱离世俗！

老子认为光有超群的心理，却没有超出众人的实力，不如先学会退一步向他人学习，然后超出众人才水到渠成。纵观历史，也有借鉴的镜子。三国刘备再三低头让步：从三顾茅庐到孙刘联合，每一次低头，都会踱到"柳暗花明又一村"，终于做成"三足鼎立"的辉煌。这是古人的典范。退一步需要有艺术，换句话说，不可以白退步，要退得有价值。

有一道脑筋急转弯题：飞机在高空中盘旋，目标紧紧咬住装载紧急救援物资的卡车，就在这危急时刻，前面出现一个桥洞，且洞口低于车高几厘米，问卡车如何巧妙穿过桥洞。

问题早就有了答案——把车轮胎放掉一部分气即可。问题的答案简单却教给我们一个做人的道理，遇事不如像轮胎放气一样低一低头，你会发现再抬头会比原来看得更远。

开始时不是一筹莫展，搞得焦头烂额，就是硬往前撞，哪管它三七二十一，死了也悲壮。这固然表明一个人有勇气和自信，但这往往会适得其反，事情会扯不清理更乱。毫无价值地牺牲，最终受害的是自己。

所以，在强势面前，先退让一步，暂避其锋芒，待它的猛烈势头稍减后，再寻求解决之道，这样往往更有可能反败为胜。

社会生活中，那些机智灵活的人，必然懂得"能屈能伸"、"能进能退"的道理。"屈",不是懦弱,而是为了保存实力;"退",不是认输,而是为了突破困境。

有一人在广告公司谋事,年轻易冲动,得罪了经理。在以后的日子里,每次开会都自然而然成为会议的第一个主题——挨批。被批得面目全非后,真想一走了之。但是转念一想,如果真的走了,一些罪名不光洗不清,而且会被蒙上厚厚的污垢;再者,这是一家很有名气的广告公司,自己完全可以从中源源不断地得以"充电"。于是坚持留了下来,整理好乱七八糟的心情,低头实干,以兢兢业业来为自己疗伤,以实实在在的业绩回击谎言。一笔又一笔的业务,增添了他的信心,也使他积攒下了许多经验。坦率地讲,最重要的是,此人学会了退一步路会更宽的做人道理。

不光做人,经商也是一样。市场趋势,个人力量难以改变。因此,在有利时,要抓住难得的时机,以求快速发展;然而,更重要的是,当遇到难处时,要冷静分析,审时度势,宜退则退。

20 世纪 60 年代初,威尔逊·哈勒创办了一家小公司,公司主要生产"配方 409"清洁液。到 1967 年,"配方 409"已占有美国清洁液市场的 50%。正当哈勒的事业蒸蒸日上时,宝洁公司也生产出一种清洁液,名叫"新奇",想与哈勒争夺清洁液市场。

宝洁公司历史悠久,实力雄厚,其"象牙"肥皂更是闻名全美。为了抢占清洁液市场,宝洁公司大造声势,到处做广告。宝洁公司认为,自己一定有能力打败哈勒的小公司。

打高尔夫沙坑球,以退为进,包含人生的大智慧。哈勒冷静分析后认为,由于对方实力雄厚,自己应该停止促销活动,主动放弃部分市场。宝洁公司看到,哈勒主动让出市场份额,认为对方已被挤垮,便不再把哈勒的小公司放在眼里。然而，哈勒是"明修栈道，暗度陈仓"。他通过改进产品的包装和色调来迷惑对方，同时又密切注视对方的一举一动。

当"新奇"快要投放市场时，哈勒突然削价，以优惠价抛售"配方409"。那些爱便宜的消费者，一次就购买了足足可用一年的清洁液。后来，宝洁公司"新奇"清洁液上市了，但因为消费者已购足了哈勒的"配方409"，"新奇"清洁液便滞销了。

哈勒在困境中当退则退，该进则进，不但保住了自己的市场，还扩大了其品牌的知名度。

学会后退，先使自己摆脱困境，确保自己能够活着，能够留在游戏中，然后再图发展，这应该是我们必须具有的心态。

常打高尔夫的人知道，沙坑球难打。球在一个沙坑中，可能连续打了几次都不能成功。如果不再盲目往前击球，而是先把球往后打，球就很容易出了沙坑。出了沙坑后，在球道上就很容易往前走了。

后退，是为了更好地前进。这是平常我们都可以理解的一句话，但是在现实中真遇到这种情况时，能够做到的人却少之又少。勇于后退的人比勇于前进的人具有更高的智慧和更大的勇气。

【学堂总结】

在强势面前，先退让一步，暂避其锋芒，待它的猛烈势头稍减后，再寻求解决之道，这样往往更有可能反败为胜。机智灵活的人懂得能屈能伸、能进能退的道理，屈，不是懦弱，而是为了保存实力；退，不是认输，而是为了突破困境。

人要知足更要知止

【引子】

知足不辱，知止不殆，可以长久。

——老子·第四十四章

知道知足就不会受到羞辱，知道适可而止则少失败，这才是长久之道。

【专访】

老子认为，人的祸患多源于自身永不知足的贪婪本性，因此，人不仅要有良好的道德修养、完美的人格魅力，还要筑牢自律的思想防线。

知足是对于已经得到满足后的精神反刍；知止却是获取过程中的主动放弃。知足是不贪，知止是不随。知足常乐，能忍恒安；知足常足，终身不辱；知止常止，终身不耻。《大学》云："知止而后有定，定而后能静，静而后能安，安而后能虑，虑而后能得。"可见知止然后才能知足。

人的贪欲是个无底洞，"得陇望蜀"是普通人的心理常态，能够"得陇"而拒绝"望蜀"，没有大胸怀绝对做不到。人们之所以既不容易"知足"，更难得"知止"，其缘由概因一个"利"字的诱惑。

有一对联说："身后有路忘缩手，眼前无路想回头。"这是对那些既不"知足"更不"知止"者耽于窘境的极好描述。这两句话最为绝妙的地方独在一个"忘"字上。忘了人生的要义，忘了"既得"的后果，忘了"足"的现状，忘了"止"的理智。贪婪的眼睛如果永远不满足，经久会被黄土封住。古往今来，葬送在欲壑中的贪婪者多得不可计数。

南朝梁代人鱼弘，追随萧衍南征北战，功不可没。后来，萧衍当了皇帝（梁武帝），赐予鱼弘 15 顷田，一座山林，8 万棵林木，但鱼弘却郁郁寡欢，终日不露笑脸。鱼弘的妻子深感不安，于是直言相问："官人，你是不是因为皇帝给你封赏少而不高兴？"

鱼弘沉吟半晌说："一个君主，论功要平，惩罚要当，这是常理。我随君主转战各地，出生入死，吃他的俸禄应该不止于此。"

他的妻子说："我知道你的功劳不小，但你不应该是那种贪得财富、追求显达的人，因为这不应该是你的为人之道呀！"这些道理，鱼弘自然听不进去。

鱼弘担任郡守仍嫌官小，他财产不菲仍感不足，仗着自己受到梁武帝的信任，竟公开勒索钱财，并且大言不惭地对人说："我做郡守，郡中有四尽：水中鱼鳖尽，山中獐鹿尽，田中米谷尽，村里人口尽。人生在世，就是要快活享乐，做郡守不享乐，什么时候享乐？"

他让下官到民间敲诈勒索，并让民工到深山里砍来高贵的树木，运来高级的花岗石，在一块风水宝地上建造豪华的郡守府。他的车马服饰，不用一般布匹，而用丝绸绵缎，生活十分奢侈，又荒淫无耻，有侍妾百余人。

因为生活糜烂、纵欲过度，没几年，他便一命呜呼了。

有些人总会有无止境地奢求，得到部分满足的时候还不愿意收手，还希望拥有更多。忘记了适可而止，到最后只能是连自己原来得到的那一份也给丢掉了。贪婪是欲望无止境的一种表现，它让人永不知足。永不知足是一种病态，其病因多是对权力、地位、金钱之类的贪婪而引发的。这种病态如果继续发展下去，就是贪得无厌，其结局是自我爆炸，自我毁灭。

物欲太强，会让人的灵魂变态，变得永不知足，以致精神上永无宁静，永无快乐。欲望越小，人生就越幸福。欲望越大人越贪婪，人生越易致祸。做人不可让贪欲堵塞自己的心智，蒙蔽住自己的眼睛。

知止为福，不知止招祸。老子说："知足不辱，知止不殆，可以长久。"这句话提醒人们，千万不要有贪心和贪欲，这会影响你自在宁静的生活。只有摒弃贪心和贪欲的人，才会生活得坦然，没有干扰，没有麻烦，也没有外来的祸害；只有"知足"和"知止"的人，才能立身长久，而且可以免去生活中的许多忧愁和悲伤，让快乐的心情永远占据自己思维的空间，从而尽享天年的乐趣。

一个人能够真心地感觉"知足"，已然不易；但若是能够做到"知止"，则非具备大胸怀不可。弘一法师是一代高僧，身具大智慧，出家前曾为一位朋友写过一幅字，他认为自己的这幅字说出了人世间的"一个大道理"，所谓"大道理"，其实就是"知止"两个字。可见"知止"是人生的大境界，能够读懂这两个字的人，必是高人、智者。

任何事物都有个极限，做人不知收敛，得寸进尺，一味争名逐利，凶险和灾祸也会随之降临。对待事业和人生要始终抱着适可而止的态度，在生活上保持低调，就会"知止而静"。

200 多年前，康熙秀才、雍正举人、乾隆进士郑板桥手书"室雅何须大，花香不在多"。画家黄永玉有一谐联"房屋三间，站也由我，坐也由我；老婆一个，左看是她，右看是她。"两副对联写得都极传神，但它们表达的境界却稍有差异：黄永玉传达的是一种"知足"的幽默惬意，而郑板桥表达的却是一种"知止"的哲思感悟。

"知足"是一种心态，而"知止"则是一种德行和智慧。知足不易，知止更难，这个道德命题需要每个人认真思考和实践。

唐代高僧赵州禅师说："你不缺少的东西，正是你没有的东西；你没有的东西，恰恰就是你本来不缺的东西。"人生是一场无休无情的战斗，做人要时时刻刻向无形的敌人作战。本能中那些致人死命的力量，乱人心意的欲望，暧昧的念头，使你堕落使你自行毁灭的念头，都是这一类的顽敌。在人生追求的过程当中，我们应该保持知足的心态和知止的清醒，让心灵安定，这是最大的幸福。

【学堂总结】

人因一个"利"字的诱惑，既不容易知足，更难得知止。你不缺少的东西，正是你没有的东西；你没有的东西，恰恰就是你本来不缺的东西。知足常乐，能忍恒安；知足常足，终身不辱；知止常止，终身不耻。

结缘总比结怨好

【引子】

有德司契，无德司彻。天道无亲，常与善人。

——老子·第七十九章

有德的人就像持有借据的人那样从容大度，无德的人就像主管租税的人那样追索计较。自然规律对任何人都没有偏爱，永远帮助有德的善人。

无论古今，人与人之间疏远、结怨的事，比比皆是。一旦结怨，就很难真正从心里和好如初，往往彼此长期疏远，甚至有可能"老死不相往来"，使双方心情受创伤，灵性大受亏损。如果再发生仇恨报复的事情，就更是雪上加霜了。

所以，人生活在世上，不要与人结怨，而要与人结缘。老子认为，避免结怨的方法就是为善修德。人最贵于有德，厚德在身，就不会与人结怨，就像拿着借债的契据却并不向人索取偿还，而人却来给我。这就是"司契"的真义。

一个人在社会上生存，要多交朋友。真诚的朋友和良好的友谊是人生的重要组成部分。善于交友是成就事业的需要，是合作共事的需要，也是个人成长进步的需要。

交友之难不在广交朋友，而在于不要树敌太多，即使不成朋友也要少树敌。人与人之间交往的质量，不取决于外在的表面的东西，而在于人的内心。人之相交交于情，人之相敬敬于德，人之相信信于诚，人之相随随于义，人之相拥拥于礼。平等是交友的天平，真诚是交友的真谛，奉献是交友的秘诀。为此，必须心灵沟通，以心换心。品德修养状况是人际交往中被考虑的基础条件。

章士钊书法，对联佳作中提到：一个人最重要的是德性，无论一个人的天赋如何优异，外表或内心如何美好，也必须在他的德行的光辉照耀到他人身上产生了热力，再由感受他的热力的人把那热力反射到自己身上的时候，才能体会到他本身的价值。

章士钊是辛亥革命时期著名的宣传家，他主编的《苏报》是辛亥革命时期最有影响的革命刊物之一。民国时期他曾任北京大学校长、教育总长、司法总长。鲁迅送给他"落水狗"的恶名，他却能坦然面对，实属不容易。

章士钊是反对白话文的代表人物之一，他同提倡白话文的胡适针锋相对。1925 年 2 月，章士钊约胡适同照一相，随后章士钊题白话诗一首赠胡适，诗云："你姓胡来我姓章，你讲什么新文学，我开口还是我的老腔。你不攻来我不驳，双双并坐，各有各的心肠。将来三十五年后，这个相片好作文学纪念看。哈，哈，我写白话歪诗送给你，总算是老章投了降。"胡适很感动，写了一首文言诗相和："但开风气不为师，龚生此言吾最喜。同是曾开风气人，愿长相亲不为鄙。"

鲁迅对章士钊就没那么客气了，他写文章愤怒地斥责章士钊，并把章士钊比作"落水狗"，号召人们不要宽容，而要痛打"落水狗"。由于鲁迅批章士钊的两篇文章选入新中国成立后的中学课本中，让章士钊"臭名昭著"，并给他和家人带来了很大的压力。

对于鲁迅，章士钊没有机会当面与他和解，但在谈到鲁迅与他的恩怨是非时，很风趣、很大度地说："哪里有这么多文章好做哟！鲁迅要是活到解放，我和他很可能是朋友呢！"

他还经常说："我和鲁迅硬是有缘！"原来，章士钊和鲁迅的夫人许广平都是全国政协代表、大会主席团成员，政协常委。"章"和"许"（繁体字）的姓氏笔画相同，在主席台上，章士钊和许广平座位相邻，很有点"不是冤家不聚头"的巧合。对此，章士钊愉快地说："我们都很客气嘛，谁都不提几十年前的事了。我和鲁迅的夫人都和解了，坐在一起开会，鲁迅如果活着，当然也无事了。"由此可见章士钊的心胸。

老子说："和大怨，必有余怨，安可以为善？是以圣人执左契而不责于人。"和解大的怨恨，必然还有残余的怨恨，怎么能算是妥善呢？因此，圣人执借据却不逼索于人。一个人即使有理，也应该收敛，不去把别人往绝路上逼，这样才能做好自己，广结他人。

俗话说："有理走遍天下。"其实，有理与无理仅有一步之遥。得理不饶人，不仅没有人情味，有理也会变得无理。用这种方式处世的人，当然不可能有好人缘。何况，你得理时不饶人，以后有机会别人也不会轻易放过你。得理不饶人，让对方走投无路，有可能激起对方"求生"的意志，从而不择手段，这对你自己将造成伤害。

由此可见，得理不饶人既害人最终也害己。冤家宜解不宜结，一个懂得宽容别人过错而不记仇的人，"仇人"就会良心发现反过来以诚相报。这样，就能团结一切能够团结的力量，就会少有羁绊，无负重而轻松前行。

人生，就是着眼于人与人之间的沟通、交往、宽容，并使人们享受事业成功和生活中的快乐。善于结怨的人其实是在囚禁自己的心，仇恨只能永远让我们的心灵生活在黑暗之中。当我们选择了宽恕的时候，我们的心灵便获得了应有的自由。我们会生活得更轻松愉快，会拥有更多的朋友。

【学堂总结】

人生活在世上，不要与别人结怨，而要与别人结缘。避免结怨的方法就是为善修德，厚德在身，就不会与人结怨，就像拿着借债的契据却并不向人索取偿还，而人却来给我。

课节九　清静无为：
内省自胜的智者心态

　　所谓清净无为，就好比是一个装满水的杯子很难接纳新东西，要将心里的"杯子"倒空，将自己所重视、在乎的很多东西，以及曾经辉煌的过去从心态上彻底了结清空。只有将心倒空了，才会有外在的松手，才能拥有更大的成功。良好心境的本原是内心。人的心神如果真正能达到虚静、空灵的境界，就能够真正解脱烦琐，放下牵累，排除自身和外界的干扰，这个时候考虑问题就能和客观事物的自然发展相符合。

私心越小越好

【引子】

是以圣人，后其身而身先，外其身而身存。非以其无私
邪，故能成其私。

——老子·第七章

有"道"的人把自身利益摆在最后，反而领先得到利益；把自己
的生命置之度外，反而得以保全自身性命。这不正是因为他无私吗？
所以能成就他的自身。

【专访】

老子认为，一个人没有私心，反而能成就大私。这里，老子用天
道排演人道，他认为，天地之所以能长久存在，是因为它们并非为了
自己的私利而存在。圣人也一样，以公为先，反而成就了大私。

北宋范仲淹的"先天下之忧而忧，后天下之乐而乐"，可谓得老
子"后而先、外而存"的真实体现，他本人的经历也是由大公达至大
私的范例。他推己及人、先人后己，深得部下拥戴，坐镇北部边陲十
数年，令匈奴不敢越雷池一步；他一心公事，不念私利，以致朝中上
下无不钦服，最后官居宰相。他这么无私，最后功名利禄样样不缺。

有人会说：谁没有私心？难道大人物一心为公、一点私心杂念也
没有吗？应该注意到，老子提倡的先人后己、先公后私，绝非只顾他

人不顾自己，更不是只办公事不讲私利。连自己该得的那一份也不要，那不成了一个傻瓜吗？无论是耶稣、范仲淹，他们都没有拒绝当得之利。毕竟每个人都要吃饭、要生活嘛，而且要吃饱吃好，营养充足才有精力去办公事。完全轻视私利怎么能行呢？

无论私心或公心，每个人都会有，但有层次之分。同样是读书，小学生怎么能跟大学生相提并论呢？同样的道理，人人有私心，境界却大不一样。有些人故意混淆概念，好像大家都自私，谁也不比谁高尚。但是，虽然大家都自私，也有公心，摆到一起比较一下，差得就太多了，有的是"国际名牌"，有的是"假冒伪劣"。

有的人在私利与公利明显发生冲突时，优先满足私利，这是人之常情。但有的人却为了私利损害公利，这就不是君子所为了。比如，马路上的井盖要搬去卖钱，电杆上的电缆要割去卖钱。井盖并未妨碍他走路，电缆也没有绊他，为了一点点私利，竟不惜损害一大批人。还有的人，为了私利去杀人越货、坑蒙拐骗，那就更加不对了。

按照老子后而先的逻辑反面推断，私心越重的人，所失越大。事实也是如此，那些自私自利，"拔一毛以利天下而不为"的人，他们的人际关系必然很糟糕。朋友厌弃他，同事冷落他，甚至亲人也背离他。不管他在利益方面的收获是大是小，生活在一个冷冰冰的人际环境中，必然感到孤独、压抑，这已经是一大损失。至于那些为了私利违法乱纪的人，时时受到法律的威胁，甚至因此丧失自由和生命，损失就更大了。

【学堂总结】

人都有私心，这是人的本性。做人之难，难在私心难去。人生最重要的事情就是管住自己的心。一个人没有私心，反而能成就大私。

我们要学会去除私心，以道心用事。

人不能贪图享受

金玉满堂，莫之能守。富贵而骄，自遗其咎。

——老子·第九章

金玉满屋，谁能万世守住；富贵而骄，必然自招祸灾。

【专访】

老子告诫我们：立身行世，不贪恋于已得，不在意于未失，才能免于患得患失之恐惧。圣人不以名、位、势、禄之得为得，不以金、宝、财、货之失为失。欲望无满，富贵而骄，贪图享受的人，自招其损。

老子这里的意思主要有两点。

（1）正确对待财富的态度。钱乃身外之物也。一个人钱再多，他也只能跟其他人一样消受一点，而大部分都积攒在宝库里，永远只是财富的象征而已，并不都能给他带来幸福。人生在世，活得潇洒快乐才是最重要的。商人们为自己的"钱途"奔波，不也是为了这个目的吗？人一辈子，只需要那么一部分钱，多出的其实并不能给自己带来多少幸福，那么这么多钱怎么处置呢？藏在金库里，成色再好的金子也不会发光！金子不用它就是金属！把这些钱用到它该用的地方去，发挥它的效用，才对得起其价值。

（2）人不能贪图享乐。一个人的精神快乐并不需要荣华富贵、金钱、女人，这些东西都不属于生命本身的，真正的快乐是从生命的本性流露出来的，它来源于自己的精神内部。享乐则来源于生命的外部，它是身外之物刺激的结果。因而，享乐常与放荡、荒淫、堕落连在一起，享乐与堕落只有一墙之隔，甚至许多享乐本身就是堕落，而堕落是与危险连在一起的。

陈圆圆，生卒年不详，本姓邢，名沅，字畹芬。苏州名妓，善歌舞，后被吴三桂纳为妾。1644 年，李自成率领起义大军攻下北京，便恣肆享乐起来，而忽略了对中原虎视眈眈的东北满洲人。更有甚者，他的部下还抢了镇守山海关的辽东总兵吴三桂的爱妾陈圆圆，并杀了他全家。"恸哭三军皆缟素，冲冠一怒为红颜。"为了报不共戴天的杀父之仇、夺妻之恨，吴三桂倒戈为逆，引兵入关，两路大军很快攻下了北京城，不久便征服了全中国。李自成部队由于进京后骄奢淫逸、贪享富贵而失去了战斗力，根本不是清兵的对手，李自成战死九宫山，大顺政权昙花一显！

快乐的心境是自在安宁的，享乐则狂热放纵，有时还失去了理智。得意了就彻底狂欢，失意了便垂头丧气，受了创伤更是失魂落魄。享乐者的心里总得不到安宁，受到的刺激不同他们的心情就不同：时而狂喜，时而愤怒；时而大笑，时而悲伤；时而放纵，时而怯懦；时而浮躁，时而叹息……

其实，每一个人都有每一个人自认为正确的生活方式，每一个人都有每一个人的快乐。三毛说，她想有一间自己的书房，不要有窗，也不必太宽敞，只要容得下一桌一椅一台灯即可。桌上放一叠书，灯下是一个真实的人，听得见自己的心跳。

有一个作家，为了躲避城市的喧嚣，隐居在山村。那里山多，一座连一座，望不到尽头。山上有高耸的崖壁，还有茂密的森林。一到天黑便有哗哗的响动，那是野外的鹰飞倦了，回归巢穴。

快乐可以不受外物的影响，不为穷困而苦恼，不为富贵而得意，这是由于快乐，不是来于外物的刺激而是来自心灵。它是一个人具有生活目的、人生信念和创造乐趣后的一种情感状态。这样，快乐又是与对人生的憧憬、对未来的希望联系在一起的。

追求快乐，但不贪图享乐，这才是正确的人生态度。

【学堂总结】

真正的快乐是从生命的本性流露出来的，享乐则是身外之物刺激的结果。享乐与堕落只有一墙之隔，堕落是与危险连在一起的。追求快乐，但不贪图享乐，这才是正确的人生态度。

看得破， 撇得开

【引子】

五色令人目盲；五音令人耳聋；五味令人口爽；驰骋畋猎，令人心发狂；难得之货，令人行妨。是以圣人为腹不为目，故去彼取此。

——老子·第十二章

色彩缤纷令人眼花缭乱，声音喧嚣令人听觉失灵，五味错乱令人败口。奔驰游猎令人心狂，稀有宝货诱人盗窃。所以，圣者只求饱腹

不求悦目，有所放弃从而才有所获取。

■■■■【专访】■■■■■■■■■■■■■■■■■■■■■■■

　　清朝的金兰生在《格言联璧·处事》中说："挺得起，放得下。算得到，做得完。看得破，撇得开。"快乐总在放下后，这是我们获得幸福的最好方法。

　　孔子一心求仁义、传礼仪，让天下百姓都讲仁义、懂礼仪。然至51岁，仍未实现自己的想法。为此，孔子心里仿佛有个结，并对此一直耿耿于怀。

　　一日，他听闻老子回归宋国沛地隐居，特携弟子拜访。老子见孔丘来访，让于正房之中，问道："一别十数载，闻说你已成北方大贤才。此次光临，有何指教？"

　　孔丘拜道："弟子不才，虽精思勤习，然空游十数载，未入大道之门。故特来求教。"

　　老子曰："欲观大道，须先游心于物之初。天地之内，寰宇之外。天地人物，日月山河，形性不同。所同者，皆顺自然而生灭也，皆随自然而行止也。知其不同，是见其表也；知其皆同，是知其本也。舍不同而观其同，则可游心于物之初也。物之初，混而为一，无形无性，无异也。"

　　孔丘问："观其同，有何乐哉？"

　　老子道："观其同，则齐万物也。齐物我也，齐是非也。故可视生死为昼夜，祸与福同，吉与凶等，无贵无贱，无荣无辱，心枯古井，我行我素，自得其乐，何处而不乐哉？"

　　话说到这里，孔子的心终于放下了。他观己形体似无用之物，察己荣名类同粪土。想己来世之前，有何形体？有何荣名？思己去世之后，有何肌肤？有何贵贱？于是乎求仁义、传礼仪之心顿消，如释重负，无忧无虑，悠闲自在。

有一句话叫："夫哀莫大于心死，而人死亦次之。"大意是最悲哀的事，莫过于思想顽钝，麻木不仁，而人死了倒是其次呢。说明一个人很悲伤，心如死灰了，那还有什么生气可言。但我们仔细想想，为什么会心如死灰？一定是心灵受到莫大的刺激，而自己又想不开，对这件事情总是耿耿于怀，放不下。

老子认为，一个人如果总是对一些事情耿耿于怀，放不下，就会心灵闭塞好像被绳索牢牢捆住，心之将死，没法使他们恢复生气。

是啊，放下就是快乐，可是又有多少人能真正做到呢？

我们每日在尘世穿梭忙碌，每天忙着经营自己的世界，有人可能会为一点得失计较争执，甚至拼得头破血流。更有人沉迷于纸醉金迷的生活，沦陷于物欲横流的世界。人像一只蚕，用厚重的丝把自己给捆缚了起来！

放下很难，可能会带来一时的损失或心痛，可是真正放手后，会发觉所有的纠结与烦心反而可以转换为海阔天空。

放下你该放手的东西，你便会拥有快乐的人生！何不每天自然轻松地过日子，洗练一份仁厚清静的心境，无憾无悔地走到生命尽头。抛弃一些尘世的烦扰，留一份开阔的天空给心灵安个家。心灵上的轻松，才是真正快乐的源泉！快乐与金钱、权势、名声、地位都无关，真正能给人带来快乐的是你的心境！

放下是一种感悟、一种心境、一种进退取舍、轻重缓急、远近厚薄的把握。面对日益繁华的物质世界，对名利、物质、情爱能看破放下的人，不能说没有，只是少得可怜。

"放下就是快乐"是一味开心果，是一味解烦丹，是一道欢喜禅。

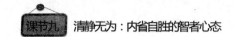

只要你心无挂碍，什么都看得开、放得下，何愁没有快乐的春莺在啼鸣，何愁没有快乐的泉溪在歌唱，何愁没有快乐的鲜花在绽放！

　　放下是一种幸福，放下更是一种境界。风起的时候，笑看落花，一个华丽的转身，留下的是绵长的回味。

　　人们总是希望有所得，以为拥有的东西越多，自己就会越快乐。人们沿着追寻获得的路走下去，可是有一天，人们忽然惊觉：我们的忧郁、无聊、困惑、无奈以及一切的不快乐，都和我们的要求有关。我们之所以不快乐，是因为我们渴望拥有的东西太多了。有时太执着了，不知不觉，我们已经执迷于某个事物上了。

　　其实，人生的悲哀之处莫过于太拘泥于一点。而为了这一点，我们又错失了很多风景。其实，成功并不是赢取了某一次，成功是任何时候都不放弃追求下去的信念。

【学堂总结】

　　人总是希望得到，希望拥有更多的东西，像一只蚕，用厚重的丝把自己给捆缚了起来。放得下，看得破，撇得开。这是获得幸福的最好方法。学会放手，才会拥有快乐的人生。

致虚守静，内心安详

【引子】

　　致虚极，守静笃。

——老子·第十六章

进入虚无之境，安守于深静厚重。

道家认为，得道的过程是心灵净化的过程。首先是"心斋"："唯道集虚。虚者，心斋也。"然后是"坐忘"："堕肢体，黜聪明，离形去知同于大通，此谓坐忘。"也就是忘却天地万物的存在和自我的存在，从而与天道混同为一，做到"朝彻"，达到"见独"的境界，最终"得道"。

这种得道求真的心路历程是老子思想的核心，在排除杂念的基础上进入精神上的虚寂境界。中国"禅"的思想实际上是道家思想与佛教思想的结合。

不过，老子所追寻的精神境界，绝不是宗教所标立的彼岸世界。宗教把人世与天国、此岸与彼岸截然对立起来，以为人类的终极关怀就在于如何超越这短暂的、污浊的人世，到达那永恒的、绝对的天国或极乐世界。而老子所预设的理想境界，虽然也具有超越性，但他所追求的并非人死后所进入的"天国"或"净土"，而是人的现实存在，是以超越之境在人世间的落实为标的，最后达至体用不二，圆融无碍之境。

"致虚极，守静笃"就是这样一种境界。

老子认为，守静致虚，排除一切杂念，就可以达到大通，大通乃可大化。通过持守内修，使认识主体上升到一个新的境界。

道家这种"守静致虚"的认识境界的原动力来自哪里呢？哲人说，生活是一种心态。有一句话："境由心造，烦恼皆由心生。"这些话是颇有道理的。由于心态的不同，即使是相同的境遇，在不同的人心中也会造成不同的心境，并产生不同的影响，导致不同的结果。

所以，良好心境的本原是内心。有内心的安详才会有良好的心境，有良好的心境才会有良好的状态，有良好的状态才会有好的人生。

在现实生活中，这样的心境有三种：

（1）不计较的心境。在日常生活中，我们对一些非原则性的不中听的话或看不惯的事，可以装作没听见、没看见或是随听、随看、随忘，做到"三缄其口"。这种"小事糊涂"的心境，不仅是生活的一种态度，亦是健康长寿的秘诀之一。如果一个人遇事总是过分计较，一味地追究到底，硬要讨个"说法"，那么烦恼和忧愁便会先于"说法"而来，反而不利于身心健康。

（2）心理上平衡的心境。现代科学研究表明，经常处于烦恼和忧愁状态中，不仅会加速人的衰老，而且高血压、精神病、心脏病等疾病也会不期而至。而良好的心境既可使矛盾冰消雪融，又可使紧张的气氛变得轻松、活泼，从而保持心理上的平衡，避免许多疾病的发生。

宁静致虚，内心安详。无论遇到什么情况，马季都能保持一种宁静、淡泊的心态，而这正是养心的最高境界。

"宁静、淡泊的心境"使他有清醒的头脑，轻松的精神状态。

（3）随遇而安的心境。随遇而安的人眼光远大、胸怀宽阔，把世间的一切变化都看得很平常、很坦然。这样的人心理必然平衡，平时笑口常开，自然健康长寿，生活愉快幸福。

（4）潇洒地对待一切身外之物的心境。在现实生活中，名誉、地位和物质利益吸引着人们拼搏进取，被看做个人成功的重要标志。但是，生活中的真正的烦恼，并不在于我们可能得到（比如疾病）或不能得到（比如钱财）什么，而在于我们根本没有清醒地意识到自己究竟想要什么！也许什么都要，但凡得到的，却又往往成为我们在人生道路上行进的包袱，成为生命河流中的淤泥。

为此，我们必须潇洒地对待一切身外之物，潇洒地看待金钱在我们生命中的地位。

良好心境的本原是内心。人的心神如果真正能达到虚静、空灵的境界，就能够真正解脱烦琐，放下牵累，排除自身和外界的干扰，这个时候考虑问题就能和客观事物的自然发展相符合。

贪多则会迷惑

【引子】

> 少则得，多则惑。
>
> ——老子·第二十二章

少取反而多得，贪多则会迷惑。

【专访】

人生一世，谁总是一帆风顺？对于外物的追求和执着，是人生一切痛苦的根源，超越外物，超越自我，自己的心境也就不会随着外物的变化迁移而波动。

老子认为，一个人要想有自己自由的栖居，就不要受拘于外物。外物总是短暂而易腐朽的，而生命灵魂才是永恒。不要做财富的奴隶，只能做财富的主人，这样人才能真正地逍遥。否则，就可能迷失在追求财富的汪洋大海里，失去自我，失去人生对于逍遥的享受。

有这样一个故事：

从前，有个地主娶了四个老婆：大老婆伶俐可爱，像影子一样陪在他身边；二老婆是他抢来的，美丽而让人羡慕；三老婆，为他打理日常琐事，不让他为生活操心；四老婆，整天都在忙，但他不知道她忙什么。

地主要到另一个城市收债，因旅途辛苦，他问哪一个老婆愿意陪伴自己。

大老婆说："我不陪你，你自己去吧！"

二老婆说："是你把我抢来的，我也不去！"

三老婆说："我无法忍受风餐露宿之苦，我最多送你到城郊！"

四老婆说："无论你到了哪里我都会跟着你，因为你是我的主人。"

地主听了四个老婆的话颇有感叹："关键时刻还是四老婆好！"于是他就带着四老婆开始了他的长途跋涉。

其实这四个老婆就是我们自己！

多一物，多一心，少一物，少一念，不要为外物所拘大老婆指的是肉体，人死后肉体是要与自己分开的；

二老婆是指金钱，许多人为了金钱辛劳一辈子，死后却分文不带，无非是水中捞月；

三老婆是指自己的妻子，生前相依为命，死后还是要分开；

四老婆是指个人的天性，你可以不在乎它，但它会永远在乎你，无论你是贫还是富，它永远不会背叛你。

如果有一个地方，能让我们心安，能让我们抛却浮躁，"不要为外物所拘，心安理得处"，那不是理想的栖居吗？何必刻意地去寻？

一片生机盎然的花圃，一座巍巍的大山，一本泛着墨香的书卷，都可以成为我们自由的栖居，都可以容纳我们放逐的心灵和漂泊的意志。

自由的栖居，须放得下繁华，耐得住寂寞，达到"物而不物"的境界。若是心恋浮华，不舍喧嚣，终不得心灵的安顿。就好比一个人，汲汲于富贵，切切于名禄，桎梏于外物，怎可能出离尘世而追寻幽独？又好比一匹马，被拴上了枷锁车套，只有一味地卖力奔驰，哪有机会停下来思索自己的生命？

少则得，多则惑，不要对生命苛求太多。老子所讲的"少则得，多则惑"是一门哲学，需要有大智慧，需要有大舍弃。智慧会让我们生活得快乐充实，舍弃会让我们生活得轻松无羁。不要顾忌舍弃而拒绝简单的生活，那样的话，你将不堪重负，顾虑重重，心力交瘁，六神无主……

"少则得，多则惑"的内涵在于抛却杂念，直指目标。生活没必要有太多的弯子，弯子太多会加重你的心事，影响你的情绪，导致恶劣的结果。其实，只要你把握住人生最本质的东西，你会觉得前景一片广阔。

有的人对生命有太多的苛求，弄得自己生活在筋疲力尽之中，从没体味过幸福和欣慰的滋味，生命也因此局促匆忙，忧虑和恐惧时常伴随，一辈子实在是糟糕至极。需知月圆月亏皆有定数，岂是人力所能改变的？不如放下，给生命一份从容，给自己一片坦然。

【学堂总结】

对于外物的追求和执着，是人生一切痛苦的根源。心恋浮华，不舍喧嚣，终不得心灵的安顿。少则得，多则惑。要想有自己自由的栖居，就不要受拘于外物，这样人才能真正地逍遥。

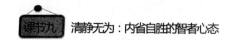

冷静稳重不急躁

【引子】

轻则失根，躁则失君。

——老子·第二十六章

轻率会丧失根基，暴躁则会丧失主宰。

【专访】

老子认为，处理任何事情，都应冷静观察，谨慎从事，而不应抢先、从众，蛮干妄动。老子曰"不欲以静，天下将自定。"，即只要我们自身守静无为，天下就会相安无事。所以，老子才说"重为轻根，静为躁君"，"轻则失根，躁则失君"。

守静是防止轻率的根基，冷静是遏制躁动的主宰。轻举妄动就会给我们的工作带来危害，从而失去根本；不能把持住自己，鲁莽行事，就会导致事业的失败。

老子主张"静"，但并不是绝对地反对"动"，而是要适时而动。老子曰："孰能浊以止？静之徐清。孰能安以久？动之徐生。保此道者不欲盈。"只有以达观的心态去顺应事物自身的发展规律，才能以静制动，以不变应万变；只有看准走势，不盲目从众，适时出手，才能动而稳妥，制而有效。

一位老人坐在路旁，双目紧闭，盘着双腿，两手握在衣襟之下，陷入沉思。

突然，他的冥思被打断。打断他的是将军嘶哑而恳求的声音："老头，告诉我什么是天堂，什么是地狱！"

世事沧桑，而我心定。老人毫无反应，好像什么也没听到。但渐渐地他睁开双眼，嘴角露出一丝微笑。将军站在旁边，迫不及待，犹如热锅上的蚂蚁。

"你想知道天堂和地狱的秘密？"老人说道，"你这等粗野之人，手脚沾满污泥，头发蓬乱，胡须肮脏，剑上铁锈斑斑，一看就知道没有好好保管，你这等丑陋的家伙，你娘把你打扮得像个小丑，你还来问我天堂和地狱的秘密？"

将军狠狠地骂了一句。"刷"地拔出剑来，举到老人头上。他满脸血红，脖子上青筋暴露，就要砍下老人的头。

利剑将要落下，老人忽然轻轻地说道："这就是地狱。"

霎时，将军惊愕不已，肃然起敬，对眼前这个敢以生命来教导他的老人充满敬意。他的剑停在半空，他的眼里噙满了感激的泪水。

"这就是天堂。"老人说道。

老人的确能够沉得住气，在自己生命遇到危险时，依然能够平心静气地面对，所以，他制服了那个不可一世的将军。试想一下，如果老人沉不住气，与将军争执起来，或者对其不屑一顾，其结果会是怎样呢？

"喜怒通四时，与物有宜而莫知其极。"因为只有看透别人的内心，才能最有针对性地攻其心，而被人看透内心则比被人抓住命根子还要可怕，还要恐怖，犹如被抓住牛鼻子一样陷入被动，只能听命于人，受制于人了。

"世事沧桑心事定，胸中还岳梦中飞"。世界上虽沧桑变化，但我心事已定，无论你怎么变化，我心里有数。的确如此，古今中外，凡是伟人，定有遇事不慌、沉着冷静的特点，也只有这样，他们才能正确地判断局势，应变局势，取得成就。

沉住气的心态往往是成功的必要因素。一般来说，人们只要不是处在激怒、疯狂的状况下，都能保持自制并作出正确的决定。健康、正常的情绪，不仅平时给生活带来幸福、稳定、畅快，而且能在大难临头时，帮助你逢凶化吉，转危为安。

■【学堂总结】

守静是防止轻率的根基，冷静是遏制躁动的主宰。轻举妄动会给工作带来危害，从而失去根本；不能把持住自己，鲁莽行事，就会导致事业的失败。自身守静无为，就会相安无事。

清静心无敌

■【引子】

躁胜寒，静胜热，清静为天下正。

——老子·第四十五章

运动能承受寒冷，入静能承受炎热，清静无为才可以作为治天下的准则。

■【专访】

道家很注重"清"与"虚"两个字。"清"是形容那个境界，而

"虚"则是象征那个境界的空灵，二者其实是一回事。

老子说："夫物芸芸，各复归其根。归根曰静，静曰复命。复命曰常，知常曰明。"就是说，那万物尽管繁杂，但最后还是各自复归本性，顺应其赖以生存的"道"。复归本性，复归、顺应其赖以生存的"道"，便可以平和虚静。能够平和虚静，便可以说是依从了天道客观法则的命令，恢复了天赋的本然。而这种顺应客观自然，是事物发展变化的普遍常规。能够认识到这种万变不离其宗是事物演化的常规，可谓是明智。

《大学》中说"定而后能静，静而后能安，安而后能虑，虑而后能得"，这里的定、静、安、虑、得就是训练和要求一个人遇事宜心平，做事宜气和。一个平心静气的人由于思考的周详，做事当然不会盲目乱撞，避免不知所做为何的现象出现。一个心浮气躁的人由于不能深思熟虑，往往会使所进行的事功败垂成。所以必须磨炼"智欲圆而行欲方，胆欲大而心欲细"的修养工夫。

在战争中，清净沉静的一方就能战胜轻浮狂躁的一方；在气候中，寒冷清凉能够战胜闷热火燥；生活中，"清""虚"心静的一方可以战胜火气攻心的对手。

一位气质极好、一看就属白领阶层的青年女子报名参加一次电影女主角的海选。报考当时，慧眼识珠的导演挑来挑去，最后只剩下两位候选人。其中一位女子，论外形和气质，非她莫属。然而她脸上几颗隐瞒不了的青春痘造成了导演的犹豫。导演虽然有些犹豫，但还是偏向于她的。不巧这时外界又传出了她与导演有染的流言。一贯无瑕的她一赌气，退出了竞争。

10年来，她远离机会频频可以尽展才华的演艺界，成了一名普通的白领。偏离了自己真正的轨道，从事着不真心喜欢的职业，其中郁积的遗憾和委屈又岂是一口气能赌掉的？

显然，这位女子还没有达到老子所说的"清静为天下正"的境界。想一下，只要自己立得正，外来的评价和蜚语又怎能伤害到自己呢？正所谓"身正不怕影子歪"，只要心静，就能保持自己的本色，得出正确的判断。

一个人的心处于绝对安静时，便可以从容思考各种疑难，从容应对多方杂务。我们如果遇到很棘手很困难的事情不妨试试：脑子不能有太多的杂念，而且要有意识地去排斥各种诱惑、干扰，心思尽可能单纯专一，时常保持一种宁静如水的心态。

以静识物、以静观心，是人们认识真理和自我修养的基本方法。所以古人很早就倡导要在宁静中思考问题，从而透过表象把握事物的本质和规律。在日常生活中，培养平和的心态，拒绝急躁，才能使我们避免误事；而遇到挫折和困难的时候，依靠平和的心态才能找到解决问题的方法，避免灰心失望、消极被动、丧失信心。

许多人脾气暴躁、性子急，所以做事的时候不能准确拿捏力度、不能很好地掌握分寸。比如说话的时候爱发火，甚至出语伤人；做事的时候不能和别人搞好团结，结果容易把事情搞砸。历史经验告诉我们，拥有一颗平"静"的心是为人通达、妥善处理各种事务的基本要求。

生活有目标有追求。为了实现自己制定的人生目标，坚定不移而义无反顾，尽弃这山望着那山高的浮躁之心，不追求缥缈不定不切实际的幻想。无杂念邪念，在声色犬马的诱惑下，不因自己的一念之差而饮恨终身。这是性静。

遭事业不顺、恋爱受挫、家庭纠葛等这些令人头疼的失败失意之事，能以一个良好的心态去面对，不焦躁，不烦躁。保持内心的平静，情绪稳定，设法寻找解决问题、化解矛盾的方法。这是意静。

即使在极为愤怒的情况下，发作之时，能有理有节，及时让自己平静下来。行事不急躁、不毛躁、不鲁莽，不急于求成，压住阵脚，稳扎稳打，努力思考并实施最佳策略而制胜。这是行静。

静，不是对令人深恶痛绝的事视而不见，充耳不闻。当拍案时则拍案，但拍案前要冷静思考一下，是为他人还是为自己，为正义还是为面子，为指责恶行还是为自己辩解。

此时之静，当为不冲动，设法寻找能够取胜的最佳策略。不是那种"喜怒不形于色"的矜持，也不是那种深藏不露的城府。

【学堂总结】

一个人的心处于绝对安静时，便可以从容思考各种疑难，从容应对多方杂务。做人做事，脑子不能有太多的杂念，要有意识地排斥各种诱惑、干扰，心境尽可能单纯专一，宁静如水。

课节十　玄同之妙：
避免灾祸的生活准则

世事如浮云，瞬息万变。不过，世事的变化并非无章可循，而是穷极则返，循环往复。人生变故，犹如环流，事盛则衰，物极必反。生活既然如此，生活中就应处处讲究恰当的分寸。

才高自敛方是智慧之道

【引子】

功遂身退，天之道也。

——老子·第九章

功成身退，是最应该奉行的行为准则。

【专访】

老子认为：功成身退，是最应该奉行的行为准则。古往今来，如老子这般的智者都懂得"功成身退"道理，但是真正能做到的却又是微乎其微。

如今社会，我们身边总是不缺自视清高的人，更不缺狂妄自大的人，他们自恃有才，就好为人师，目中无人，忘记了"山外有山，楼外有楼"的道理。

有才华对一个人来说，是件好事，可是如果将此当成骄傲的资本，往往一事无成。

祢衡年少才高，目空一切。

建安初年，20出头的他初到许昌。当时许昌是汉王朝的都城，名流云集，司空掾、陈群、司马朗、荡寇将军赵稚长等人都是当世名士。有人劝祢衡结交陈群、司马朗。祢衡说："我怎能跟杀猪、卖酒的在一起？"劝其参拜赵稚长，他回答道："苟某白长一副好相貌，如果吊丧，可借他的面孔用一下；赵某是酒囊饭袋，只好叫他看厨房了。"这位才子唯独与少府孔融、主簿杨修意气相投，他对人说："孔文举是我大儿，杨德祖是我小儿，其余碌碌之辈，不值一提。"由此可见他何等狂傲。

献帝初年，孔融上书荐举祢衡，大将军曹操有召见之意。祢衡看不起曹操，抱病不出，还口出不逊之言。曹操求才心切，为了收买人心，还是给他封了个击鼓的小吏，借以羞辱他。一天，曹操大会宾客，命祢衡穿戴鼓吏衣帽当众击鼓为乐，祢衡竟在大庭广众之下脱光衣服，赤身裸体，使宾主讨了个没趣。曹操恨祢衡入骨，但又不愿因杀他而坏了自己的名声。

曹操心想像祢衡这样狂妄的人，迟早会惹来杀身之祸，便把祢衡送给荆州的刘表。祢衡替刘表掌管文书，颇为卖力，但不久便因倨傲无礼而得罪众人。刘表也聪明，把他打发到江夏太守黄祖那里去。祢衡为黄祖掌书记，起初干得也不错。

后来黄祖在战船上设宴，祢衡说话无礼受到黄祖呵斥，祢衡竟顶嘴骂道："死老头，你少啰嗦！"黄祖急性子，盛怒之下把他杀了。其时，祢衡仅26岁。祢衡文才颇高，桀骜不驯，本有一技之长，受人尊重。但是祢衡没有因为这一技之长而受惠于世。

他恃一点文墨才气便轻看天下。殊不知，一介文人，在世上并非有甚不得了，赏则如宝，不赏则如败履，不足左右他人也。祢衡似乎不知道这些，他孤身居于权柄高握之虎狼群中，不知自保，反而放浪形骸，无端冲撞权势人物，最后因狂纵而被人杀害。

其实，一个人狂妄自大的程度并不取决于他有多少学问，而是取决于他的态度。也就是说，狂妄的人实际上也许并没有多少学问，往往是自吹自擂，夸夸其谈。他们所表现的高傲、不屑一顾等神态，实际上是一种心灵空虚的补充剂，以维持其虚荣心。

在一个风景优美、繁密茂盛的森林里，居住着许多动物，不但有狮子、老虎、狼、狐狸等食肉动物，还有蚊子、蜘蛛这样的小生命。有一只蚊子，它每天都在想："在这个王国中，狮子应该是百兽之王了吧，没有比它更有力更强大的动物了。只要我能把它打败，那么我将会成为森林大帝。"

经过一番认真的准备，这只蚊子终于向狮王宣战了。它扇动着翅膀飞到狮子面前，对狮子说："狮子，我不怕你，你并不比我强大，不信，咱们较量较量。"

可惜蚊子的声音太弱小，狮子根本没听见，仍在那儿悠然地闭目养神。蚊子见了，气得火冒三丈，用尽吃奶的劲儿对狮子喊道："你这只笨狮子，我们比试比试，看你有什么本事？是用爪子抓，还是用牙齿咬，我都比你强得多。"说着蚊子吹着喇叭鼓足了力气向狮子冲去。

狮子这下可慌了，觉得脸上奇痒无比，睁大了眼睛瞧，还是看不清蚊子进攻的方向。蚊子恶狠狠地向狮子的脸上咬去，它专咬狮子鼻子周围没有毛的地方。狮子左躲右闪，用力晃动着头，张开血盆大口猛扑向蚊子，只是蚊子小巧灵活，狮子的嘴巴总是咬空，气得它拼命挥动着爪子，一顿乱抓乱挠。尽管如此，狮子还是没有捉住蚊子。

蚊子高兴极了，向狮子威胁说："快认输，不然我咬死你。"狮子从来没受过这个罪，它怒吼着扑向蚊子，不过很遗憾，又失败了，气得狮子乱叫。蚊子趁势又朝狮子发动了进攻，叮得狮子用爪子把自己的脸都抓破了。没办法，狮子落荒而逃。

"我赢了！"蚊子得意地吹着胜利的喇叭，唱起欢乐的凯歌飞走了。它一边走一边喊："我战胜了狮子，我才是最了不起的，我要当森林之王。"蚊子得意忘形地飞着，完全忘了四周存在的危险。突然，它自己钻进了一个软软的东西中，身体被粘住了。它挣扎着，想要离开，但是越挣扎粘得越紧。这下蚊子清醒了，原来自己被蜘蛛网粘住了。

蜘蛛凶光毕露地向它爬来，蚊子完全被胜利冲昏了头脑，并没有意识到自己的险境，它大声地对蜘蛛说："蜘蛛，我刚刚打败了狮子，你快放了我，我不屑和你打仗。"蜘蛛听了冷笑道："蚊子，你别白费气力了，不管你曾经打败过谁，现在你是我的俘虏，吃掉你易如反掌，你将成为我的晚餐。"

蚊子最后叹息着说："我同最强大的动物都较量过，取得了辉煌的战果，没想到，却败在一只小小的蜘蛛手上。"无论什么时候，都不要争强好胜，更不要狂妄自大。要知道，强中更有强中手。争强好胜、狂妄自大可能一时会得胜，但一定不会长久。这样的人，迟早会自食恶果。

【学堂总结】

不顾别人的感受、只顾卖弄自我，在多数场合是不受欢迎的。人都有一种逆反心理，都会自然而然地在心中对你的卖弄不屑一顾。如果你有优点，最好由别人去发现，而不是自我卖弄。恃才傲物放在心中无关紧要，如果在言行上表现出来，就会招来诸多祸端。

恃才妄为者必成孤家寡人

【引子】

居善地，心善渊，与善仁，言善信，政善治，事善能，动善时。

——老子·第八章

居处善于择下而居，存心幽深而明澈，交游共处谐和相亲，言行

表里如一，公共关系易于清静太平，办事能干，行动善于应机顺势而行。

生活中，你若因为曾经的被肯定总是过于表现自己，把自己当做宇宙的中心，那么别人就会厌恶你、疏远你。生活中，很多人就因为在这个细节上不注意收敛自己而饱受排斥。所以我们要常常检讨自己的行为，别让微小的错误损害自己。老子认为公共关系易于清静太平，也就是现代社会提倡的"和谐"。

法国哲学家罗西法古说："如果你要得到仇人，就表现得比你的朋友优越吧；如果你要得到朋友，就要让你的朋友表现得比你优越。"当我们的朋友表现得比我们优越时，他们就有了一种重要人物的感觉，但是当我们表现得比他们还优越，他们就会产生一种自卑感，形成嫉妒的情绪。

社会上，那些谦让而豁达的人总能赢得更多的朋友。他们善于放下自己的架子，虔诚、恭敬地对待身边的每一个人。反之，那些妄自尊大、高看自己小看别人的人什么事都爱露一手，仿佛就自己行，对别人不屑一顾，总认为，在这个世界上，唯我最大，舍我其谁，因此，只要是涉及利益重新分配或调整时，他都采取"当仁不让"的态度，因而什么都想沾，什么都想贪，这样的人到最后都受到了人们的鄙视。正如希腊一位叫希尔泰的学者所说的："傲慢始终与相当数量的愚蠢结伴而行。傲慢总是在即成功之时，及时出现。傲慢一现，谋事必败。"

有人认为，喜欢表现、张扬自己只是无伤大雅的小节，这种想法真是大错特错了。要知道每个人都希望得到他人的肯定性评价，都在不知不觉地强烈维护着自己的形象和尊严，如果为人处世时过分地显示出高人一等的优越感，目空一切、妄自尊大，那就是在无形之中对对方的自尊和自信进行挑战与轻视，对方的排斥心理乃至敌意也就不知不觉地产生了。

Cinderella 一天辛苦之后酣然入睡。

一位玲珑的天使飞进窗口找上了她，说，聪明的 Cinderella，每个人都应该得到一份适量的聪明和一份适量的愚蠢，可是匆忙中上帝遗漏了你的愚蠢，现在我给你送来了这份礼物。

愚蠢礼物？Cinderella 很不理解。慑于上帝的威严，她接过天使包中的愚蠢，无可奈何地植入脑中。

第二天，她平生第一次讲话露出了破绽，第一次解题费了心思，她花了一个早晨记住了一组单词，三五天后却忘了将近一半。她痛恨这份"礼物"。深夜，她偷偷地取出了植脑不深的愚蠢，扔了。

事隔数天，天使来检查他自己做的那份工作，发现给 Cinderella 的那份愚蠢已被扔进了垃圾箱。他第二次飞入 Cinderella 的卧室，义正辞严地对她说，这是每个人都必须有的配额，只是或多或少罢了，每一个完整的人都应该这样。

不得已，Cinderella 重新把那份讨厌的愚蠢捡了回来。但是，她太不愿意自己变成一个不很聪明的人了。她把愚蠢嵌进头发，不让进入思维，居然骗过了天使的耳目。以后，Cinderella 没有遇上一道难题，她没有考过一次低分，一直保持着强盛的记忆、出色的思维和优异的成绩。

当然，她也没有了苦役获释的愉快和改正差错后的轻松。更奇怪的是，也没有一个同伴愿意与她一起组队去出席专题辩论，因为她的精彩表现使同伴呆若木鸡；也没有哪个人愿意和她做买卖，因为得利赚钱的总是她；也没人与她恋爱，男人们无不怕在她的光环里被对比成傻瓜。连下棋打牌她都十分没劲，来者总是输得伤心。偶尔有一两次她给了点面子，卖个破绽下个软招，也很容易看出是她在暗中放人一马，比她胜了还伤害人的自尊。

她越来越孤独、空乏，真的也希望有份愚蠢了。但是，聪明成性的脑袋，愚蠢是再也植不进去了。她希望能再见上一次天使，可天使已"黄鹤一去不复返"了。

因为只有聪明，Cinderella 在痛苦中熬过单调的一生。

你带着羞怯和歉意告诉世人："大家听着，我知道自己实际上并不这么好，所以我想做得尽量符合你们的要求。"

许多书籍和文章告诉我们应该怎么取悦别人，以得到别人的喜爱。让别人喜欢的方法，就是使自己变得讨人喜欢。所以，你必须顺从别人，不要攻击别人，并且多说别人想听的话。和同事相处的时候，要表现得比较世故；和老同学相处的话，则力求平实。也就是说，在与人相处时要尽量表现出你的谦虚。谦虚，别人才不会认为你会对他构成威胁，才会赢得别人的尊重，从而建立和睦相处的人际关系。

王某是人事局调配科一位相当得人缘的骨干，按说搞人事调配工作是最得罪人的事，可他却是个例外。但是，在他刚到人事局的那段日子里，在同事中几乎连一个朋友都没有。因为他正春风得意，对自己的机遇和才能非常自信，因此每天都在极力吹嘘他在工作中的成绩，每天有多少人找他请求帮忙等得意之事。然而同事们听了之后不仅没有人分享他的快乐，反而极不高兴。后来是老父亲一语点破，他才意识到自己的错误。

从此，他就很少谈自己的成就而多听同事说话，因为他们也有很多事情要吹嘘。让他们把自己的成就说出来，远比听别人吹嘘更令他们兴奋。后来，每当他有时间与同事闲聊的时候，他总是先让对方滔滔不绝地把他们的成就炫耀出来，与其分享，仅仅在对方问他的时候，才谦虚地表露一下自己。

【学堂总结】

别把自己摆的太高，为人应该谦逊、自制，这样别人才愿意亲近你，你做事才有帮手。反之，若恃才妄为，高傲自大，人皆远之，你就成了"孤家寡人"了。妄自尊大和目空一切的结果只能使自己的形象扭曲，在伤害别人的同时也伤害自己。所以注意收敛自己，也是保护自己的一种策略。

人生注定有缺陷

【引子】

> 夫物芸芸，各复归其根。归根曰静，是曰复命。复命曰常，知常曰明。不知常，妄作，凶。
>
> ——老子·第十六章

事事物物虽然纷纭繁杂，但它们都可以归结于它们的根本。归结到根本它们就显示出始终如一的清静，这就叫做恢复到"本来"。懂得恢复"本来"就叫做达成了生存的恒常，懂得达到生存的恒常就叫做有明于道。不懂得达成生存的恒常而胡作非为，就会充满凶险。

【专访】

人无完人，每个人都会有一些缺陷：外貌上的、性格上的、经历上的……当一个人懂得承认自己的不完美时，他也就真正地成熟起来了。

人有缺陷并不可怕，可怕的是刻意掩饰，自欺欺人。

薛女士不是这样，她在对方面前大胆坦露自己的缺陷，出自于内心的真诚和对别人的信任。她那透明的真诚理所当然也换来了对方的信赖与爱慕。把自己的缺陷坦露人前，也就同时把自己的真诚毫无保留地献给了对方。在日常生活中往往有这样的情况，越是刻意掩饰自己的缺陷，自己活得越累，有时甚至还显得很尴尬。这是因为缺陷是客观存在的，掩饰往往会弄巧成拙。薛女士真诚坦露缺陷的结果，使对方理解她的缺陷，容纳她的缺陷，还有意识地弥补她的缺陷，这正是他们后来生活幸福和谐的基础。

缺陷或大或小、或多或少，人人都有。然而，面对缺陷，大多数人是去掩饰。掩饰缺陷也许是人的天性，毕竟能在大庭广众之下袒露自己缺陷的人，实属不多。因此坦露缺陷确实需要勇气，要战胜自己的懦弱，战胜自己的虚荣，还要战胜世俗的偏见。所有这些，没有超人的勇气是万万做不到的。

台湾著名画家刘墉在教国画的时候，经常发现有些学生极力掩饰自己作品上的缺点，有时画得差，干脆就不拿出来了。遇到这种情况，刘墉会对他们说："初学画总免不了缺点，否则你们也就不必学了！这就好比去找医生看病，是因为身体有不适的地方，看医生时每个病人总是尽量把自己的症状说出来，以便医生诊断。学画交作业给老师，则是希望老师发现错误，加以指正，你们又何必掩饰自己的缺点呢？"

还有一个男人，单身了半辈子，突然在 43 岁那年结了婚。新娘跟他的年纪差不多，但是她以前是个歌星，曾经结过两次婚，都离了，现在也不红了。在朋友看来，觉得他挺亏的，这不是一个好的选择，因为新娘身上的瑕疵太多了。

有一天，他跟朋友出去，一边开车、一边笑道："我这个人，年轻的时候就盼望着能开宝马车，可是没钱，买不起；现在呀！还是买不起，买辆三手车。"

他的确开的是辆老宝马车，朋友左右看看说："三手？看来很好哇！马力也足！"

"是的呀！"他大笑了起来，"旧车有什么不好？就好像我太太，前面嫁个广州人，又嫁个上海人，还在演艺圈20多年，大大小小的场面见多了。现在老了、收了心，没有以前的娇气、浮华气了，却做得一手好菜，又懂得布置家务。说老实话，现在真是她最完美的时候，反而被我遇上了，我真是幸运呀！"

"你说得挺有道理的！"朋友陷入沉思。

他拍着方向盘，继续说道："其实想想我自己，我又完美吗？我还不是千疮百孔，有过许多往事、许多荒唐，正因为我们都走过了这些，所以两个人都变得成熟、都懂得忍让、都彼此珍惜，这种不完美，正是一种完美啊！"

正因为这位男士能够承认自己的不完美，他才不苛求爱人的完美，结果两个有瑕疵的人才能凑到一起，组成一个幸福的家庭。从某种意义上看，人就是生活在对与错、善与恶、完美与缺陷的现实中，我们既然能从自己非常优秀与完美的现实中受益，为什么就不能从自己的缺陷中受益呢？

我们应该明白有缺陷并不是一件坏事，那些自认为自身条件已经足够好以至于无可挑剔、不必改变现状的人往往缺乏进取心，缺少超越自我、追求成功的意志，相反，承认自己的缺陷，正确认识自己的长处与短处，却可以使我们处在一种清醒的状态下，遇事也容易做出最理智的判断。

在人世间，人是注定要与"缺陷"相伴，而与"完美"相去甚远的。所以不完美也是一种完美，承认自己的不完美是一种豁达、成熟，更是一种智慧！

穷之以辞辩以观其变

【引子】

天门开阖，能为雌乎？

——老子·第八章

在展身作为、功成身退的循环中，能像雌母一样吗？

【专访】

一个人生存状态的好坏，不仅在于他有什么样的头衔，而且还在于他有什么样的能力。就如一把利剑如果被冠之以干将、莫邪之名而无干将、莫邪之实就无法享有宝剑的待遇。人同样如此，即使你有剑桥、牛津的学历而无剑桥、牛津的能力，你也不可能得到重用。人是因为有了能力才会被放在该放的位置上去享受他该有的待遇。所以，最重要的是能力，而不是其他的任何附属价值。

老子告诉我们，在展身作为的时候，要努力展示自己的能力。

三国时期的诸葛亮，在治军和治国方面都取得了有口皆碑的成绩。诸葛亮之所以会成功，主要是因为他选拔了大量德才兼备的贤臣良将。诸葛亮在总结其选贤任能的标准时，归结了以下的一段话：

"问之以是非以观其志，穷之以辞辩以观其变，咨之以计谋以观其识，临之以利以观其廉，告之以祸难以观其勇，期之以事以观其信，醉之以酒以观其性。"

这段话把人才的基本能力素质概括得非常全面，这段话不仅是古人选贤任能的标准，对于当代人才的选拔，仍然有很大的参考价值。

在青岛举行的化工学院应届硕士毕业生答辩会上，答辩委员会由7人组成，这7人之中除了指导老师、资深教授之外，还有齐鲁石化公司的科研负责人范涛及青岛橡胶集团的总工程师。

在答辩的过程之中，来自企业方面的评委们就工艺生产之中的一些现实性的问题频频提问，然后让毕业生们画出图表、定出模型再予以解答。

青岛化工学院的教授说，以往毕业生的答辩评委全由在校的老师组成，只要是在学术上没有什么大的问题一般都可毕业。而现在，只有5~7人的答辩委员会之中，企业的技术负责人就占了2~3人，如果毕业生的论文在这一关通不过，答辩也就通不过了，学位也就拿不到了，即空谈的研究生难毕业。

教育界的有关人士认为，请企业界的总工、科研界的负责人来对学子的能力进行考核，将会使毕业生所选择的研究方向更符合实际，在企业生产之中的一些技术难题也更易解决，所以这种校方与企业联手的做法非常值得提倡。

许多人认为有高文凭高学历就可以推开任意一家企业的大门，其实错了。学历只能代表你的过去，却无法代表你的未来。只有将你的个人能力提升到应有的高度才不会在生存的竞争中落败。

有个叫李清的人，读书非常多，取得了一些不同类型的证书，同时还挂名担任一些单位的干事。他已经30多岁了，却仍然不知道自己的人生方向和目标。与李清第一次接触的人，肯定会对其投以尊重的眼光，因为他会给人一种很有才干的错觉。有了先入为主的"尊重"印象，如果你与李清接触，肯定会希望得到更多的了解。殊不知李清名片上所印的头衔无异于摆设，真是令人大失所望。所以，人们最大的失误就是以为自己手上有了几张可以示人的证书、文凭，便以为自己非常有才干。

受教育少的人，可能会在心里存在着一种退缩感，遇事没有信心，发展起事业来会处处受到限制。而受教育多的人，又盲目地相信手中所拿着的几本文凭就可以号令天下。

其实真正的教育，并不仅仅是从学校课本中得来的，也不是靠文凭就能证明的，它要从实践能力中获得。那些受过教育的人，也只不过是比别人多掌握了几种寻找学问的门路，如果不在实践中进行一番提炼的话，那么他们所学的知识是不能进一步深化的。

办事才能的训练，并不是仅在书本中就可以学到。《红楼梦》里的王熙凤并不识字，又有谁能否认她那高超的管理才能？

"能力"这一概念的内涵在近几年才逐渐得到了人们的特别关注。所谓能力，就是人们平时所说的"本事"。而实际能力，则就是你运用知识和智能进行实际活动的本领。

能力是在积累的知识上形成的，知识在能力的指导之下"活化"；如果能力缺少了知识就是低层次的，如果知识没有了能力就是"僵死"的。

【学堂总结】

"能力"的地位在人们的心目中有了明显的提高，但有些人则对培养什么样的能力还比较模糊。能力，并不是人与生俱来的，能力必须经过专门的培训才能得到。人的能力，有其所特有的内容和要求，必须经过特定的途径或方法才能对其加以培养和提高。

不把得失看得太重

【引子】

> 天长地久。天地所以能长且久者，以其不自生，故能长生。是以圣人后其身而身先；外其身而身存。非以其无私邪？故能成其私。
>
> ——老子·第六章

天长地久。天地所以能够长久，是因为它们不去强求一种非其不可的状况维持，所以能够长久。因此，圣人把自己的切身利益置后，反而成了人群的首领；把自己的身家性命置之度外，反而更好地保护了自己的身家性命。不正是因为他对自己很无所谓吗？这样反而可以更好地成就他自己。

【专访】

老子认为：天地所以能够长久，是因为它们不去强求一种非其不可的状况维持，所以能够长久。但是很多人总是把得失看得太重，把名利看得太重，期望自己位高权重，期望能拥有万贯家财，这样通常会备受名利折磨，轻者身心劳累，重者害人害己。

生活中，很多人拥有金钱，但却没有快乐，他们对金钱垂涎欲滴。整日挖空心思、千方百计想要得到它的人，恐怕永远也不会快乐而且身心劳累。

四大吝啬鬼之 的严监生，都快死了，已经讲不出话来了，还是大瞪着两眼，直竖着两根指头不肯咽气。像他这样的人，绞尽了脑汁，"辛苦"经营了一辈子，挣下了万贯的家财，本来是可以带着"成就感"心满意足地去了，可是他却死活不肯咽下最后一口气。旁边的族人皆不明白严监生直竖的两根指头到底是什么意思，最后还是他的小儿媳妇机灵，因为她发现严监生的两眼死死地瞪着桌旁的油灯。油灯里燃着两根灯草，严监生伸着两根指头不就是不满意燃着的两根灯草吗？按照严家的规矩，本着"节俭"的原则，应该熄掉一根灯草才是。于是小儿媳妇赶紧跑过去熄掉了一根灯草。这招真是灵验，一根灯草刚熄，严监生就咽气了。

世上类似于严监生这样临死还被自己无尽的贪欲折磨着的人虽然不多，但是为了名，为了利，整日处心积虑，乃至不择手段的人实在是太多了。得到了名利也许能给你短暂的满足和快乐，然而名利如浮云，你能够得到它，也会不留一丝痕迹地失去它。生命对每一个人来说就是单程旅行，没有回头路可走，所以，尽量使自己的灵魂沉浸在轻松、自在的状态，这是最好不过的。

人人都有名利之心，这是不可避免的，但是一个人要求富贵，必须得之有道，持之有度。就生活的价值而言，如果我们能够体味人生的酸甜苦辣，没有虚度时光，心灵从容充实，则不管我们是贫是富皆可以满意了。

富贵荣华生不带来，死不带走。如果我们看破了这一点，对于世间的荣华富贵不执着和贪恋，那么我们的心胸自然就会平静如水。

有些人总是费尽心机地追逐金钱和地位，一旦愿望实现不了，便口出怨言，甚至生出不良之心，采用不义手段来为自己谋利，到头来还会因此害了自己，庄子曾说过："不为轩冕肆志，不为穷约趋俗，其乐彼与此同，故无忧而已矣。"这句话大意是说那些不追求官爵的人，不会因为高官厚禄而沾沾自喜，也不会因为穷困潦倒、前途无望而趋炎附势、随波逐流，在荣辱面前一样达观，所以他也就无所谓忧愁。庄子主张"至誉无誉"。在他看来，最大的荣誉就是没有荣誉。他把荣誉看得很淡，他认为，名誉、地位、声望都算不了什么。尽管庄子的"无欲"、"无誉"观有许多偏激之处，但是当我们为官爵所累、为金钱所累的时候，何不从庄子的训喻中发掘一点值得借鉴的东西呢？

【学堂总结】

人活着就是为了享受快乐，但生活中很多人由于贪心过重，为外物所役使，终日奔波于名利场中，每天抑郁沉闷，不知人生之乐，所以我们不妨花点时间，平心静气地审视一下自己，是否在心中藏着许多欲求而不可得的小秘密，是否常常被这些或名或利的欲望搅得心烦意乱。心中有点小秘密是正常的，因为每个人总会有着这样或那样的欲求，只不过有的人懂得如何正确地面对这些或者正当或者不正当的欲求：正当的欲求，他会尽量去满足，实在凭自己的能力满足不了的，他也会平心静气地面对这样的事实；不正当的欲求，他会为此而感到内疚，感到惭愧，会在心底检讨自己，不会发展到为了这样的欲求而不择手段的地步。但也有人不会控制自己的名利之心，结果贻误了自己，毁了自己的一生。

太过执着反不成功

将欲取天下而为之，吾见其不得已。

——老子·第二十九章

想要把天下抓来任意摆弄的，我看他永远也达不成目的。

【专访】

有的人追求飞蛾扑火的壮烈，以为那是一种执着的美，扑火的一瞬间，飞蛾毅然决然，但终究还是化为灰烬。其实生活中我们会遇到很多难题，只有既坚持执着又坚持变通才是最好的解决之道。

这样说似乎是有些矛盾。执着是指面对一个方向坚持走下去，而变通则是灵活应变，随时改变方向。这两个词似乎是反义词，但是，矛盾总是统一的，并可以在一定条件下相互转化。每当我们面临困难时，我们要选准一个方向，执着地去搜寻解决的方法。如果丝毫也不见效果，那么我们的方向可能错了，就要开动脑筋变通一下，重新确定个方向再坚持不懈，直到解决困难为止。在这里的"一定条件"就是指"丝毫不见效果"。所以说，只有在需要变通时才能变通，否则我们永远也不能找到正确答案。

两个人进山洞寻宝，但是迷了路。后来干粮快吃完了，只剩下了一支手电筒。第一个人起了坏心眼，夺走了余下的干粮和那支手电筒，离开了第二个人。山洞中漆黑无比，第二个人每走一步，因为没有了手电筒，都有可能摔倒。但是也正因为没有手电筒，使第二个人的眼睛对光亮异常敏感，最后终于爬出了山洞。而第一个人吃光了干粮，拿着手电筒搜寻出口，怎么也找不到洞口，最后终于饿死在山洞里。

这虽然只是一个小故事，但是从中我们却可以看出许多道理。一般人在黑暗之中都需要光亮，但是第二个人却因为没有手电筒而走出山洞，这是变通的表现。但是，如果第二个人缺少了执着搜寻的信念和坚持不懈地努力，也是不能爬出山洞的。

现代社会是个瞬息万变的世界，你永远不知道下一秒钟会发生什么变化，所以我们就必须具有临危不惧的头脑和以静制动的思想，不能随波逐流，飘摇不定。不过，我们也必须具备随机应变的能力和灵活作战的方式，只有这样才能不被淘汰。

人的一生少不了一种叫作执着的精神，或者说是一种信念，但是现实生活和世界的纷繁复杂和多变让我们意识到：其实机智灵活的变通往往比执着更能获得"完美"。

适时的变通往往需要一种灵活而又迅速的转变，来一个对规则束缚的挣脱，否则我们若一味地钻入"执着"的套子，结果陷入其中不能自拔，则可被称为"钻牛角尖的英雄人物"，所以，这就要求我们要真正地开阔思维，寻找多种渠道来解决问题，或许你会从中得到不用劳神费力、盲目执着蛮干的意外收获。

譬如"愚公移山"的故事，人们往往会称赞愚公的坚持不懈、执着不屈的精神。这种精神固然是可贵的，是战胜困难所必备的，但如果我们突破思维规则的束缚，再来谈论一下愚公的举动，或许你就会发现，其实愚公的做法也是一种很"傻"的办法，出动全家大小、男女老幼进行移山，那经济来源何以取之呢？与其用微乎其微的力量来"搬"山，倒不如开辟一条旅游的通道来，在山上建一些"风景"，岂不更好？所以当执着真正地植入人的思想、生活和社会，就需要我们用思维和理智另辟一条新路。

如果我们缺少了变通，一味地执着，或许我们也可称这种行为是蛮干，这种"执着"往往使人身陷困境并湮没于困境，对国家和社会生活也会造成不可估量的损失。

生命的旅途中有平坦的大道也有崎岖的小路；有春光明媚万紫千红，也有寒风凛凛万木枯萎。在生命的寒冬里我们需要执着，然而当面前就是万丈深渊之时还固执前行就意味着死亡。变通就是：一指间的距离却让你获得生命。

一个林场主从父亲那里继承了大片的林场，每天驾车穿梭于林场中，他都万分欣喜地看着这些能给他带来大笔财富的森林。然而，一场无情的大火把一棵棵百年树木变成了焦木，他失魂落魄地走在街上，发现许多人排队购买木炭取暖。他灵机一动，把焦木加工成木炭销售，结果获得了大笔财产。

聪明的林场主在苦心经营的林场成为焦木时，没有盲目地执着种树，而是利用焦木获得大量财富。这一指间的变通让他重获财富。

变通能带来成功，转机能给人以新生。"变则通，通则久。""历史是不断运动变化发展的，我们要用发展的观点看问题，使思想和实际相符合。"这是马克思的辩证法给我们的科学真理。

商鞅二次变法为秦统一全国奠定了基础；唐太宗唐玄宗的变法改革于是有了开元盛世，有了贞观之治；日本的明治维新使日本迅速发展。而清朝的闭关锁国、故步自封则使清朝严重落后于世界历史的潮流，造成中国沦为半殖民地半封建社会，造成了大量财产被帝国主义侵占，造成了中国人民的屈辱史和血泪史。

因此，人的一生不能缺少执着，更不能缺少变通；只有突破思维

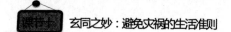

的束缚，我们才能正确地看待和评价事物的是与非，才能在理想的道路上执着而又灵活平稳地前进。当我们真正地将"变通"和"执着"融合，真正获得思维的解放，或许我们会得到更多。

【学堂总结】

　　一个人需要变通来获得成功，一个企业需要变通来获得效益，一个民族需要变通来获得发展。变通就在你不经意的一瞬间，就是一指间的距离，变通会让你看到柳暗花明。